Dinkelsbühl Geschichte *light* **Die Reichsstadt**

AF281442

Gerfrid Arnold

Dinkelsbühl

Geschichte *light*

Die Reichsstadt

Bibliografische Information der Deutschen Nationalbibliothek
Die Deutsche Nationalbibliothek verzeichnet diese Publikation in der Deutschen Nationalbibliografie; detaillierte bibliografische Daten sind im Internet über dnb.dnb.de abrufbar.

Verlag: BoD • Books on Demand GmbH, In de Tarpen 42, 22848 Norderstedt
Druck: Libri Plureos GmbH, Friedensallee 273, 22763 Hamburg

ISBN: 978-3-7597-1400-8

Die Reichsstadt

9

Zur Literatur

Als Grundlage des vorliegenden Buches, das erstmalig die mittelalterliche Reichsstadtzeit begrenzt beschreibt, dienten die Chroniken des Autors Bd. 3 „Die Reichsstadt. Von König Rudolf I. bis Kaiser Karl IV. 1273-1369", 2002 und Bd. 4 „Die Stadtrepublik. Kaiser Karl IV. und König Wenzel I. 1370-1400", 2003.

In der Geschichtsdarstellung von Reallehrer L. Beck „Übersicht über die Geschichte der ehemals freien Reichsstadt Dinkelsbühl von den ältesten Zeiten bis zum Jahre 1806, erschienen 1886, sind von 158 Seiten dem Abschnitt der mittelalterlichen Reichsstadtzeit 14 Seiten gewidmet. Der Begleittext zum Bildband „Dinkelsbühl" von Walter Bogenberger, 1978 und 1983, beschreibt diesen Zeitabschnitt mit zehn Seiten. Auch in der neuesten Abhandlung „Dinkelsbühl", Historischer Atlas von Bayern. Franken, 2018, wird diese Zeit von Teresa Neumeyer entsprechend knapp dargestellt.

Umfangreiche Daten enthält Paul Gluths Arbeit „Dinkelsbühl. Die Entwicklung einer Reichsstadt", 1958, vor allem für den Wirtschaftsbereich.

Könige und Kaiser als Stadtoberhäupter

König Rudolph I. von Habsburg 1273-1291

1274 Dinkelsbühl wird Reichsstadt

Die Stadt Dinkelsbühl war 1251 vom letzten Stauferkönig Konrad IV. an Graf Ludwig III. von Oettingen verpfändet worden. Im Machtvakuum der kaiserlosen Zeit eignete er sich Dinkelsbühl an. Doch einem Vertrag entsprechend, teilten dann 1269 die Baiernherzöge das Staufererbe unter sich auf. Die Wende kam mit der Wahl Rudolfs I. von Habsburg zum deutschen König.

Auf Beschluss der Kurfürsten forderte der König 1274 alle Krongüter an das Reich zurück, Oettingen musste die ehemalige Stauferstadt Dinkelsbühl frei geben. Der König sicherte sich Dinkelsbühl als Reichsstadt, ohne das Lösegeld zu zahlen. Nur ein Vierteljahr nach der Krönung hatte Dinkelsbühl wieder einen König als Stadtherrn. Dinkelsbühl war jetzt nicht nur an den König, sondern an das Reich gebunden: „Unser und des riches stat" und „nostra et Imperii civitas" heißt es in den Urkunden.

König Rudolf I. erkannte, dass im Bürgertum der Städte eine Macht heranwuchs, mit deren Hilfe er die Herrschaft der Fürsten im Zaum halten konnte. Es gab kein zufriedenstellendes Reichssteuerwesen, nur die Reichsstädte trugen zu regelmäßigen Einnahmen der königlichen Kammer bei. So führte er noch im selben Jahr eine Vermögenssteuer von 3 % ein, die von den Reichsstädten abzugeben war.[1]

1281 Steuerverpfändung

König Rudolf I. verpfändete am 21. August 1281 die von Dinkelsbühl zu zahlende Reichssteuer an den Reichsküchenmeister Lupolt von Weiltingen aus dem Geschlecht der Nordenberger. Dieser hatte dem König 400 Mark Silber geliehen, die Mark zu 233,855 Gramm Silber. Dafür musste ihm die Stadt jährlich 200 Pfund Heller, das Pfund zu 240 Silberpfennigen, abtreten.[2]

1274, 1285 König Rudolf I. in Dinkelsbühl

König Rudolf I. hielt sich 1274 vermutlich mehrere Tage in seiner Reichsstadt Dinkelsbühl auf. Der König hatte keinen festen Regierungssitz, die Reichsstädte hatten Herbergspflicht. Er kam auf der „Romstraße" von Würzburg über Rothenburg nach Dinkelsbühl, wo er die Huldigung als neuer König entgegennahm und am 9. April 1274 eine Urkunde ausstellte.[3]

Der König war ein zweites Mal 1285 in Dinkelsbühl. Er kam von Nürnberg, blieb hier wahrscheinlich am 8. und 9. April und reiste nach Schwäbisch Gmünd weiter. Er stellte am 9. April 1285 in Dinkelsbühl eine Urkunde aus, in der er dem Zisterzienserkloster Heilsbronn eine staufische Schenkung bestätigte.[4] Seine Anwesenheit mögen die Niederlassung der Karmeliterbrüder und den Neubau des Heiliggeistspitals bewirkt haben.

1274 Der städtische Grund wird vergeben

Alle entfremdeten Königsgüter sollten herausgegeben werden. In der Reichsstadt amtierte anstelle eines Oettinger Stadtvogts nun ein königlicher Advocatus. Er ordnete den ehemals staufischen Grund und Boden neu, der in die Hand der Oettinger und der vermögenden Geschlechter gelangt war. Der Großteil ging über Stiftungen an das um 1280 gegründete Hospital, an das um 1285 gegründete Karmeliterkloster und an das um 1290 gegründete Leprosenhaus.

Adolf I. von Nassau 1292-1298

1292, 1295 Ammannamt bei Nürnberg und Oettingen
Anstatt den mächtigen Königsohn Albrecht von Habsburg zu wählen, bevorzugten die Kurfürsten Graf Adolf I. von Nassau, der wenig Besitztum hatte. Er verpfändete um 1292 das Dinkelsbühler reichsstädtische Regierungsamt des Ammanns an die burggräflichen Nürnberger Hohenzollern und 1295 bis um 1302 an die Grafen von Oettingen.

König Albrecht I. von Habsburg 1298-1308

1305 König Albrecht in Dinkelsbühl,
Verwaltungsprivileg, Steuerprivileg
Nach der Absetzung des glücklosen Adolf I. wählte man nun doch Albrecht I. von Habsburg zum König. Das Dinkelsbühler Ammannamt blieb vermutlich weiter bei Oettingen.
König Albrecht I. reiste zwischen 25. Juli und 9. August 1305 wahrscheinlich über seine Reichsstadt Dinkelsbühl. Er war am 23. Juli in Schwäbisch Gmünd und danach in Nürnberg, wo er auf der Kaiserburg für Dinkelsbühl am 11. August 1305 das Ulmer-Statuten-Privileg ausstellte, das für die künftige Selbstverwaltung grundlegend war. Außerdem gewährte er das erste Ungeldprivileg, ein Schritt zur Steuerhoheit.

Heinrich VII. von Luxemburg 1308-1313

1309 Gerichtsstandsprivileg
Nach der Ermordung König Albrechts I. wurde Graf Heinrich VII. von Luxemburg gewählt. Durch Heirat seines Sohnes Johann fiel dem Haus Luxemburg das Königreich Böhmen zu. Als wichtigstes Privileg für Dinkelsbühl gewährte er 1309 das Gerichtsstandsprivileg, wodurch Bürger in zivilrechtlichen Fällen nur noch vor dem Stadtgericht erscheinen mussten. Ein erster Schritt zur unabhängigen Gerichtsbarkeit.

1313 Kaisersohn König Johann von Böhmen in Dinkelsbühl

König Johann von Böhmen hielt sich im September 1313 wahrscheinlich in Dinkelsbühl auf. Kaiser Heinrich VII. befand sich auf einem Feldzug in Italien, wo er im selben Jahr verstarb. Johann reiste vom Militärsammelplatz über Nördlingen nach Würzburg.[5] Der schnellste Weg führte über Dinkelsbühl.

Friedrich von Habsburg 1314-1326
Ludwig IV. von Wittelsbach, der Baier 1314-1346

1314 Doppelkönigtum mit Bürgerkrieg

Nach dem Tod Kaiser Heinrichs VII. sammelten sich Anhänger um Friedrich den Schönen von Habsburg, andere um Ludwig IV. von Wittelsbach, ebenfalls ein Enkel König Rudolfs I. Während der Kaisersohn und Reichsvikar König Johann von Böhmen seinen Thronanspruch aufgegeben hatte, wählte man in getrennten Gremien beide Bewerber zu Königen des Deutschen Reichs und krönte sie einen Monat später. Das Doppelkönigtum zog einen achtjährigen Bürgerkrieg nach sich, der auch Dinkelsbühl beeinträchtigte. Ludwig IV. trat 1326 das Deutsche Reich an Fridrich ab, der jedoch im selben Jahr auf seine Mitregierung verzichtete. Der vom Papst gebannte Ludwig IV. war alleiniges Reichs- und Stadtoberhaupt und wurde 1328 zum Kaiser gekrönt.

1323 Tuchprivileg, Gemeindegrundprivileg

Die Reichsstadt Dinkelsbühl hielt im Doppelkönigtum zu König Ludwig IV., dem sie unter anderem 1323 das Tuchprivileg und das für die städtische Landmark entscheidende Gemeindegrundprivileg verdankte.

1336 Kaiser Ludwig der Baier in Dinkelsbühl

Kaiser Ludwig IV. der Baier hielt sich um den 18. Juni 1336 in Dinkelsbühl auf, wo er zwei Urkunden ausstellte. Er kam von Stuttgart und war danach am 26. Juni in Nürnberg. Sicherlich forderte er von der Reichsstadt Dinkelsbühl Unterstützung für den unmittelbar bevorstehenden Feldzug gegen seinen niederbaierischen Vetter Heinrich und König Johann von Böhmen.[6]

um 1341-1351 Grafen von Oettingen sind Stadtherren
Die Stadt war unter den Staufern 1251 das erste Mal an Oettingen verpfändet gewesen, dann das Dinkelsbühler Ammannamt 1295 bis um 1302. Nun verpfändete Kaiser Ludwig IV. Dinkelsbühl vermutlich 1341[7] für die enorme Summe von 7 200 Pfund Heller an die Grafen Ludwig und Friedrich von Oettingen. Damit war die gewonnene Unabhängigkeit und reichsstädtische Selbstverwaltung ein Jahrzehnt unterbrochen. Dinkelsbühl wäre eine oettingische Landstadt geworden, wenn es sich 1351 nicht selbst aus der Pfandschaft gekauft hätte.

König Karl IV. von Luxemburg 1346-1378

Eigennütziger Wohltäter Dinkelsbühls
Kaiser Ludwig IV. der Baier, der über drei Jahrzehnte Stadtoberhaupt gewesen war, wurde mehrmals vom Papst gebannt und 1346 mit dessen Hilfe abgesetzt. Gewählt wurde der böhmische König Karl IV. von Luxemburg, der jetzt das Stadtoberhaupt war, obgleich Dinkelsbühl weiterhin bis 1351 oettingische Pfandstadt war. Er war mit fast 30 Privilegien, darunter das Messerecht und das Judenprivileg, Dinkelsbühls eigennütziger Wohltäter, der vor Sonderzahlungen und Verpfändung nicht zurückschreckte.[8]
Der „Friedenskönig" spielte die Reichsstände gegeneinander aus und verschaffte dem deutschen Königtum wieder Bedeutung. Dabei verfolgte er konsequent eine Hausmachtpolitik. Doch um Dinkelsbühl lag die politische Macht größtenteils bei den Geschlechtern Hohenlohe und Oettingen oder bei geistlichen Herren. An die burggräflichen Hohenzollern von Nürnberg kamen im Lauf des Jahrhunderts die Städte Ansbach 1331, Gunzenhausen 1368, Wassertrüdingen 1371 und Feuchtwangen 1376. Als Schwerpunkte der Reichsmacht blieben dem König die

Reichsstädte. Die Wirtschaftskraft und Bedeutung Dinkelsbühls zeigt sich in der Stadterweiterung, dem Ankauf von Gütern und Kirchensätzen sowie in Stiftungen.

1352 König Karl IV. verspricht, Dinkelsbühl beim Reich zu halten

Nach der Pfandauslösung 1351 huldigte die Reichsstadt Dinkelsbühl ihrem Stadtoberhaupt, wobei König Karl IV. am 2. Januar 1352 in Prag den Bürgern alle ihre bisherigen Rechte bestätigte. Weil man eben der Unfreiheit und Reichsentfremdung auf eigene Kosten entkommen war, erreichte man das Privileg „de non aliendo": „Wir haben auch der Stadt mehr zu Gnad tan, dass wir sie bei uns und dem Römischen Reich ewiglichen behalten wollen und sie durch kein, unser noch des Reichs, Not noch kein ander Sache nicht versetzen, verkaufen, verwechseln, noch keines Weges entfremden noch verkümmern sollen." Wer es dennoch täte, der soll „schwerlich in Unser und des Reiches Ungunst verfallen". Derjenige sollte zwanzig Pfund feines Gold Bußgeld zur Hälfte an die königliche Kammer, zur anderen Hälfte an die Stadt zahlen.[9]

1373-1374 Herzöge von Baiern sind Stadtherren

Aber dem Kaiser bot sich die Chance, den baierischen Wittelsbachern das Kurfürstentum Brandenburg abzunehmen. Im kaiserlichen Heerlager bei Berlin mussten die zerstrittenen Wittelsbacher Brüder auf ihre Rechte an der Mark Brandenburg zugunsten der Kaisersöhne verzichten. Sie erhielten eine Entschädigung im Wert von rund 500 000 Gulden. Um die horrende Summe zu erbringen, verpfändete Kaiser Karl IV. am 18. August 1373 die Reichsstädte Nördlingen, Donauwörth, Dinkelsbühl und Bopfingen für 100 000 Gulden Nürnberger Währung an seinen Schwiegersohn Otto Kurfürst und Herzog von Baiern, beziehungsweise an Herzog Stephan und dessen Söhne.[10]

Allerdings waren die schwäbischen Reichsstädte so mächtig geworden, dass der Kaiser die Verpfändung zurücknehmen musste. Die Herzöge beglichen ein Jahr später die Schuldsumme in kleineren Beträgen mit entsprechendem Aufschlag.[11]

1360 Kaiser Karl IV. in Dinkelsbühl

Kaiser Karl IV. residierte vom 13.-16. August 1360 in Nürnberg und war vom 22.-24. im Heerlager bei Bopfingen, den Feldzug gegen die Grafen von Württemberg vorzubereiten.[12] So reiste er wahrscheinlich um den 19. August 1360 über Dinkelsbühl zur Reichsstadt Bopfingen.

König Wenzel I. von Luxemburg 1378-1400

1376 König Wenzel I. ist Stadtherr Nach dem überraschenden Tod des bedeutendsten mittelalterlichen Herrschers Dinkelsbühls, Kaiser Karls IV., trat sein ältester Sohn König Wenzel von Böhmen „der Faule" als Siebzehnjähriger die Regierung an. König Wenzel I. war Stadtherr seit seiner Krönung zum deutschen König am 6. Juli 1376. Allerdings anerkannte ihn Papst Urban VI. erst 1378.

Das Doppelpapsttum dauerte bis 1417 an. Dinkelsbühl hielt es in der Papstfrage wie sein Stadtherr und blieb dem Papst in Rom treu, nicht Avignon. König Wenzel I. stellte Dinkelsbühl dafür 1385 eine Dankurkunde aus. Die Stadt sollte dessen Gegner überall angreifen, wer immer es sei, damit christlicher Glaube und Gehorsam gestärkt werde.

König Ruprecht I. von Wittelsbach 1400-1410

1401 Gerichtsprivileg

König Wenzel I. hatte kein Ansehen mehr, als die Kurfürsten Pfalzgraf Ruprecht I. von Wittelsbach zum neuen deutschen König wählten. Doch der König von Böhmen behauptete sich als Gegenkönig bis zu seinem Tod 1419. Ruprecht I. wurde wegen der Kirchenspaltung spät vom Papst anerkannt und blieb im Reich erfolglos.

Als wichtiges Privileg gewährte König Ruprecht I. 1401 die völlige gerichtliche Unabhängigkeit der Stadt, des Spitals und aller Untertanen.

1402 König Ruprecht I. in Dinkelsbühl
Er weilte am 18. Dezember 1402 in der Stadt.

1505 Streitschlichtung mit Oettingen
Im Landgerichts- und Zollstreit Dinkelsbühls mit den Grafen von Oettingen bestellte er 1405 ein Schiedsgericht.

König Sigismund I. von Luxemburg 1410-1438
Jobst I. von Mähren 1410

1414 Nikolaus von Dinkelsbühl auf dem Konstanzer Konzil
Nach dem Tod Ruprecht I. erfolgte 1410 eine Doppelwahl des deutschen Königs. Doch der gewählte Jobst I. von Mähren starb bereits ein halbes Jahr danach, der Luxemburger König Sigismund I. war damit unangefochten.

Ihm gelang es, die Kirchenspaltung zu beenden. Auf dem 1414 einberufenen Konstanzer Konzil hielt Nikolaus von Dinkelsbühl die Antrittsrede, der Reformator Johannes Hus wurde trotz zugesicherten freien Geleits öffentlich verbrannt.

1431 König Sigismund I. in Dinkelsbühl
Der König bestätigte 1413 und 1433 alle Dinkelsbühler Privilegien. Er war wohl auf einer Durchreise am 22. Januar 1431 in Dinkelsbühl.

König Albrecht II. von Habsburg 1438-1439

1438 Bestätigung aller Privilegien
Als König folgte der Schwiegersohn König Sigismund I., Albrecht II. von Habsburg nach. Der Herzog von Österreich, König von Böhmen und Ungarn war nur kurz Dinkelsbühler Stadtoberhaupt. Er bestätigte 1438 der Stadt alle Privilegien.

Kaiser Friedrich III. von Habsburg 1440-1486

1476 Landmarkprivileg

Friedrich III. von Habsburg war die längsten Jahre Dinkelsbühler Stadtherr und das letzte in Rom gekrönte Oberhaupt. Er bestätigte 1440 und 1442 alle Privilegien. Sein bedeutendstes Privileg gab er Dinkelsbühl 1476 mit der Grenzbestätigung der städtischen Landmark „Gerichtszwang, Mark und Gebiet".

1474, 1475, 1485 Kaiser Friedrich III. in Dinkelsbühl

Friedrich III. besuchte die Stadt dreimal, am 30. März 1474, am 30. Oktober 1475 und vom 10-12. Oktober 1485.

Kaiser Maximilian I. von Habsburg 1486-1519

1489 König Maximilian I. in Dinkelsbühl

Wegen der Untätigkeit Kaiser Friedrich III. wurde sein Sohn Maximilian I. von Habsburg 1486 zum deutschen König gewählt und gekrönt. Es wurde ihm aber bis zum Tod Kaiser Friedrichs III. 1493 nur wenig Mitregentschaft zugestanden. Der letzte mittelalterliche Stadtherr der Reichsstadt besuchte die Stadt vom 5.-11. Juni 1489.

Der Dinkelsbühler Bürgersohn Sebastian Sprenz (um 1475-1525) war Berater Maximilians I., der sich 1517 beim Dinkelsbühler Rat für die Verwandtschaft von Sprenz einsetzte. Sie fühlte sich belästigt.[13]

Reichslandvogtei und Landgericht

Die Reichslandvogtei

Für die Verwaltung und Rückgewinnung des entfremdeten Stauferguts schuf König Rudolf I. 1274 die Reichslandvogteien. Er erneuerte die staufischen Verwaltungseinheiten Rothenburg und Nürnberg, an deren Spitze Reichslandvögte als Beauftragte

und Rechtsaufsicht des Königs eingesetzt waren. Der Dinkels-
bühler Raum gehörte zunächst zur Reichslandvogtei Nürnberg,
Reichslandvogt war Burggraf Friedrich III. von Hohenzollern.
Zur Reichslandvogtei Schwaben kam Dinkelsbühl vor 1307, zu
Niederschwaben 1360.

Das Landgericht

Eigentlich war das Landgericht für die Reichsstadt Dinkelsbühl
und ihre Bürger nicht zuständig. Wegen des allgemeinen reichsstädtischen Gerichtsstandsprivilegs König Rudolfs I. von 1274
und der Gerichtsgewalt des Reichsammanns unterstanden die
Bürger nicht der Niederen Gerichtsbarkeit und auch nicht der
Hochgerichtsbarkeit des Landrichters.[14] Doch die Reichsstadt
Dinkelsbühl lag im Interessengebiet zweier Fürstenstaaten, die
mit Hilfe der Gerichtsbarkeit ihr Territorium zielstrebig ausbau-
ten: die Hohenzollern, Burggrafen von Nürnberg, beziehungsweise
später Markgrafen von Brandenburg-Ansbach, und die Grafen von
Oettingen.

Dinkelsbühl lag ungünstig in einer sackartigen Ausbuchtung des
Oettinger Landgerichtsbezirks, so dass sich der Besitz außerhalb der städtischen Landmark größtenteils im oettingischen
Gerichtsbereich befand. Oettingen maßte sich an, darüber zu
streiten, ob ein Fall der reichsstädtischen Gerichtsbarkeit oder
dem Oettinger Landgericht zustand. Dinkelsbühl ließ noch 1755
Beweise für ihre rechtmäßige Gerichtsbarkeit drucken.[15]

*Die ältesten Beschreibungen der oettingischen Landgerichtsbe-
zirksgrenze von 1315 und 1361 sind punktuell abgefasst. Über die
späteren Beschreibungen lässt sich folgender Verlauf erkennen:
Auf Ellwanger Gebiet lief die Grenze von Buchhausen kommend
zur abgegangenen Hofstatt „Bleidenstatt" bei Pfahlheim – abgegangener Hof „Kaltbrunn" südlich von Stödtlen – am Brom-
bach entlang – Königsrother Mühle – Wört – Rotach aufwärts
nach Deufstetten – „an die Lauben", dem Wald westlich der
Straße Bergbronn-Neuhaus – zum „gewölbten Quellbrunnen" in*

Bergbronn – (das Gebiet Kressberg/Marktlustenau umfassend)
– zum „Eselsbrunnen" im Tal zwischen Gaisbühl und Veitswend
– die Zwergwörnitz entlang – die Wörnitz aufwärts – Heiligen-
kreuz – „Chor" beziehungsweise „Westergiebel" in Feuchtwan-
gen (der Westgiebel der Stiftskirche) – Schönmühle – Oberlot-
termühle – Erlmühle – zum abgegangenen Weiler Eberspeck –
den Schlierberger Grund aufwärts – Beyerberg – Ehingen –
„Gyrsknopf am Oselperg" (Beschreibung 1361) bzw. Geyersknopf
uf dem Esselberg" (Beschreibung 1595) bzw. Gipfel des Hessel-
bergs – zur Wörnitz bei Reichenbach – die Wörnitz abwärts.[16]

Einen Streit um den Verlauf der Oettinger Landgerichtsgrenze wurde 1405 im Auftrag König Ruprechts I. geschlichtet. Der Hohenzollern-Burggraf von Nürnberg und der Deutschordensmeister in Wassertrüdingen legten fest: Die Grenze der oettingischen Zuständigkeit bildet die Wörnitz bis oberhalb Wilburgstettens; der Ort war an die Hohenzollern gekommen.

Die Reichsstadtverfassung

Vom Advocatus zur Ratsherrschaft

1274-1305 Das regierende Oberhaupt der reichsstädtischen Gemeinde war der advocatus, minister, scultetus (Schultheiß), in Dinkelsbühl später Ammann genannt. Die vermögenden Bürger

„burgenses potissimi" traten bei Beurkundungen als Zeugen auf. König Rudolf I. räumte der Gemeinde mehr Rechte ein, als sie unter den Staufern gehabt hatte. Die Stadtgemeinde war eine juristische Genossenschaft, in der die Gesamtheit der Bürger für den Einzelnen haftete.

Über das Verwaltungs- und Richteramt suchte der Nürnberger Burggraf Friedrich III. von Hohenzollern seinen Einfluss zu stärken. Die Reichsstadt Dinkelsbühl lag in seiner Reichslandvogtei, ihm brachte das Ammannamt einen Machtzuwachs. Der wenig begüterte König Adolf I. von Nassau verpfändete an ihn vermutlich um 1292 die Reichsstädte Dinkelsbühl, Aufkirchen und Bopfingen.

Den Dinkelsbühler Stadtgeschlechtern gelang es, das Ammannamt auszulösen, aber König Adolf I. verpfändete die Ämter 1295 erneut an seinen „getreuen" Grafen von Oettingen. Dieser hatte die Heerzüge des Königs mit 1 500 Pfund Hellern unterstützt; ein kleines, Stadt nah gelegenes Feld kostete etwa 6 Pfund Heller.

Die Pfandschaft umfasste alle Rechte und Nutzungen, wie sie Burggraf Friedrich III. von Nürnberg zuvor gehabt hatte,[17] sie sollte so lange dauern, bis der Graf die gesamte Summe durch die Pfandeinkünften aller Städte eingenommen oder vom König erhalten hatte.[18] Mit dem Ammann als Gerichtsherrn konnte Oettingen seine Landgerichtshoheit auf die Dinkelsbühler Bürgerschaft und Landuntertanen ausdehnen.

Als Oettinger Stadtammann „minister civitatis" wird bereits am 20. Mai 1295 ein Ulrich Taube genannt.[19]

Die Oettinger Regentschaft der Reichsstadt endete wohl 1302, wahrscheinlich lösten die grundbesitzenden Geschlechter die Stadt aus. Das bei der Judenverfolgung 1298 eingezogene jüdische Vermögen könnte dazu beigetragen haben.

Der Einfluss der führenden Geschlechter im Stadtregiment festigte sich. An die städtische Macht brachte sie 1305 das Privileg einer Gemeindeverfassung durch König Albrecht I.

Die Ratsverfassung

1305-1341 Die Stadtregierung

Das Ulmer Privileg, das König Albrechts I. Dinkelsbühl 1305 gab, eröffnete den Weg zur städtischen Autonomie. Dinkelsbühl erhielt alle Rechte, deren sich die Bürger Ulms erfreuten „omnia iura, quibus cives nostri de Ulma gaudent".[20] Der König war als Reichsoberhaupt der Stadtherr, der Ammann erledigte die Reichsgeschäfte. Außenpolitisch war jetzt der Bürgermeister als Vertreter der Bürgerschaft beteiligt, während die Stadtverwaltung dem Bürgermeister und dem Ratskollegium unterstand.

Die älteste Dinkelsbühler Rechtssatzung wurde vor dem Handwerkeraufstand 1387 niedergeschrieben. Neben dem Straf- und Steuerrecht und den Bestimmungen zur Bürgeraufnahme enthielt es die Stadtverfassung.[21] Die Dinkelsbühler Verfassung dürfte folgende gewesen sein: Das Stadtwesen „universitas civium" wurde durch ein Ratskollegium „commune consilium" regiert, das sich aus Bürgermeister und 63 gewählten Bürgern zusammensetzte. Es konnte Satzungen erlassen, soweit sie nicht die Rechte des Königs als Stadtherrn berührten. Die Kompetenzen erstreckten sich auf die Steuer- und Dienstleistungen der Bürger, Marktbestimmungen, Verteidigung und die Spitalverwaltung.

Die bürgerliche Rechtsordnung wurde von der städtischen Oberschicht aus Landbesitzern und Handeltreibenden bestimmt, von den leistungsfähigen Bürgern „burgenses potissimi". Sie wurden neuzeitlich als Patrizier bezeichnet. Die Regierung dieser Oberschicht währte von 1305 bis zur Verpfändung an die Grafschaft Oettingen um 1341.

Das älteste „Stadtwappen", das Zeichen der Bürger

1341 Nach Einführung der Ulmer Ratsverfassung 1305 regelten der Bürgermeister und das Ratskollegium städtische Belange, für die man ein Bürgersiegel ohne Reichsadler benötigte. Das älteste „Stadtwappen" hängt an der Urkunde eines Hausverkaufs für 7 ½ Pfund Heller am 10. September 1341. Im Urkundentext heißt es „der burger zeichen".

Das 26 mm große Rundsiegel zeigt einen Spitzschild mit drei Dinkelähren, die einem Dreiberg entspringen. Die Umschrift lautet: + S (= Sigillum) SIGNUM DIHLSPUHEL.[22] In den älteren Wappenbüchern ab 1446 wurde dieses Ährenschild als Dinkelsbühler Stadtwappen mit den Farben Silber in Rot (ohne Gold) abgebildet.

Die Oligarchie der Stadtgeschlechter

1351-1387 Mit der Verpfändung an Oettingen um 1341 wurde die Stadt von einem oettingischen Verwalter regiert. Doch sofortnach der Selbstbefreiung 1351 folgte ein weiterer Schritt auf dem Weg zur Selbstverwaltung: Kaiser Karl IV. gewährte „Unsern lieben Getreuen, den Bürgern der Stadt zu Dinkelsbühl darum, dass sie sich selbe und mit ihr selb Geld gelöset haben von den Edlen Ludwig und Friedrich Grafen von Oettingen", sechs Jahre lang selbst einen königstreuen „Richter und Ammann" auszuwählen. Der König behielt sich den Widerruf vor und gebot allen „Amtleuten und Landvögten in Schwaben", dies zu beachten.[23] Der städtisch ausgesuchte Stadtammann als Reichsaufsichtsbeamter und Richter arbeitete jetzt im Sinn des Großen Rats.

Seine Bedeutung nahm weiter ab. Er war nach 1360 nur noch Titularbeamter und kurzfristig in Dinkelsbühl.

Im Regierungssystem der vermögenden Oberschicht bestimmten nun allerdings die „Zahler" der Auslösesumme. Die Geschlechter mehrten ihre zurückgewonnene Macht und schränkten die Bürgerbeteiligung ein. Der regierende „cleine rat" bestand wahrscheinlich aus 12 Räten, während der „grozze rat" halbiert wurde und nur mehr 32 „man des rats" hatte, von denen einer das Bürgermeisteramt ausübte.[24]

Die Folge der Alleinherrschaft einiger Geschlechter war die Handwerkerrevolte von 1387.[25]

Die Rathäuser

ab 1350 Augenscheinlich bauten sich die erstarkten Stadtgeschlechter ihrer sozialen Stellung entsprechende „Steinhäuser". Die überbauten staufischen Burgkeller des heutigen Alten Rathauses dienten nach dem Ende der Oettinger Pfandherrschaft 1351 als Regierungszentrale. Der Kleine Rat traf sich in den Steinhäusern, wo die führenden Geschlechter Berlin und Arnold wohnten und städtisch amteten.

Im „Steinhaus" bekräftigten Fritz Döner und Hans Berlin als Bürgen und Mitsiegler am 23. Juli 1361 zwei Kaufverträge. Ebenso werden die Arnold 1376 und 1380 „in dem Steinhaus" genannt, wo sie Urkunden beglaubigten.

Eines der weiteren früh genannten Steinhäuser lag in der Turmgasse, das 1403 Hans Goldschmied und seiner Frau Anna gehörte.[26]

Das im 15. Jh. genutzte Älteste Rathaus lag am Ledermarkt beim Karmeliterkloster, es wird 1550 als das „alte Rathaus dem Bruderkloster gegenüber" bezeichnet. Dort wird 1421 eine Steuerstube genannt, das Erdgeschoss wurde 1428 als Fleischhaus genutzt, das Obergeschoss 1434 als Tanzhaus. Es brannte 1483/84 ab, deshalb war das Vorgängerhaus der „Ratstrinkstube" bis um 1500 Ort der Regierungsgeschäfte.[27] Gegenüber wurde eben das Münster fertiggebaut. Das Älteste Rathaus wurde neu aufgebaut und wegen Baufälligkeit 1845 abgerissen.

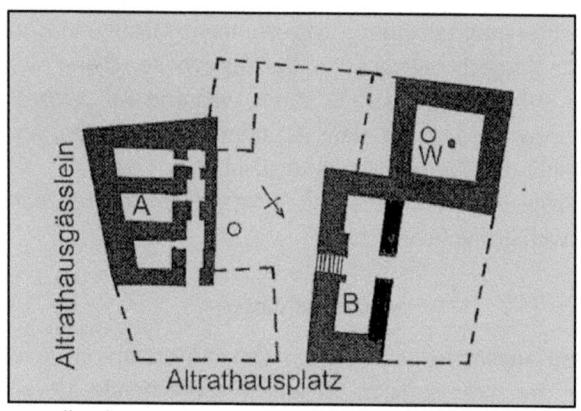

Keller der Steinhäuser Arnoldhaus A und Berlinhaus B
um 1300 -1350. Umriss: Heutiges Altes Rathaus.

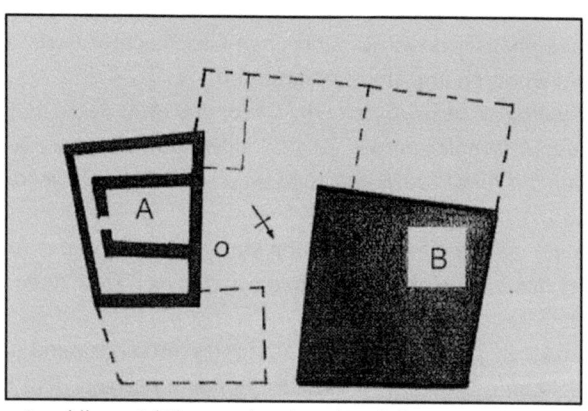

Arnoldhaus A (Obergeschoss) und Berlinhaus B nach1351.

26

Der repräsentative Bau des heutigen Alten Rathauses entstand ab 1490. Die patrizischen „Steinhäuser" am Altrathausplatz wurden gegen 1500 mit einem Querhaus verbunden und zum Alten Rathaus mit Hof ausgebaut. Das Alte Rathaus war dort bis 1855. Es brannte 1919 bis auf das 1. Obergeschoss ab und wurde wieder aufgebaut.[28]

Die autonome Fasnachtsverfassung

1387-1552 Die städtischen Einwohner waren auf 3 500 Menschen mit etwa 800 Steuerbürgern angewachsen. Einige Stadtgeschlechter bestimmten seit einer Generation das Bürgerleben und verhinderten eine zünftige Organisation des Handwerks.[29] Die bürgerliche Mittelschicht hatte keinen Einfluss auf das Stadtgeschick, obwohl vor allem sie die Last der Erweiterung der Stadtbefestigung trug wie auch die Entscheidungen über Bündnisse und Kriege betraf. Die soziale Spannung zwischen den finanzkräftigen Stadtgeschlechtern und der aufstrebenden Handwerkerschicht hatte zugenommen.

Zur Fasnacht 1387 kam es zur Revolte. Bewaffnete Bürger rotteten sich zusammen, es kam zu „Stößen, Zweiungen, Misshellungen und Aufläufen". Vermutlich hatten sie sich vor dem Steinhaus versammelt, wo der Kleine Rat im „Regierungssitz" beisammensaß. Die Bürger blockierten den Eingang und hielten die Altgeschlechter gefangen. Zur Befriedung des Aufruhrs wurde ein Neunerausschuss gebildet, der vermutlich im Ältesten Rathaus tagte.

Der Neunerausschuss

Hundert Jahre nachdem Dinkelsbühl Reichsstadt geworden war, gab sich die Stadt autonom eine republikanische Verfassung. Für die Ausarbeitung wurden neun Männer „aus uns allen" bestimmt. Die Zusammensetzung zeigt eine Drittelung: Die bisher regierenden Altgeschlechter wurden von Friedrich Hofer, Hermann Prell und Heinrich Werntzer aus dem Kleinen Rat vertreten; eine mittlere Position nahmen die in die Stadt gezogenen, siegelfähigen Geschlechter Konrad Beisser, Heinrich Rüsse und Hans Schlierberger aus dem Großen Rat ein; das letzte Drittel der Ausschussmitglieder bestand aus den nicht siegeltragenden Heinrich Kurr, Hans Thürlin und Heinrich Minst als Vertreter der Handwerker.[30]

Gegen den Beschluss des Neunerausschusses hatte niemand Einspruchsrecht, niemand sollte gegen die Ausschussmitglieder wegen ihrer Entscheidungen Feindschaft haben und sie mit Worten oder Taten angreifen. Wer es tat, sollte vom Kleinen Rat ohne Gnade an Leib und Gut abgestraft werden.

Der Richtungsbrief wurde zweifach ausgefertigt, für die des „alten Rats" und für die Zünfte und die Gemeinde. Kein Ratsteil sollte die Rechte des anderen beschneiden.

Innerhalb weniger Tage beriet der Neunerausschuss, sodass der Aufstand mit der Ausfertigung des Richtungsbriefs bereits am „geiln maentag in der vasnaht", am Rosenmontag, 18. Februar 1387, friedlich beigelegt werden konnte. Und am Fasnachtsdienstag wurde die neue Verfassung der Bürgerschaft für die Abnahme des Bürgereids verlesen: „Wir, die Rät Großer und Kleiner, und alle Gemeind, beid, reich und arm, der Stadt ze Dinckelspuehel ..."

Zünfte und Sechser

Für die neue Verfassung teilte der verfassungsgebende Neunerausschuss das Handwerk in sechs Zünfte ein. Welches Gewerbe in welcher Zunft sein sollte, wurde im Richtungsbrief nicht festgelegt, auch die Zunftbezeichnungen blieben variabel.

Der Begriff „Handwerk" wurde für einen Zunftteil, aber auch für eine Zunft verwendet.[31] Als Zunft erstmals bezeichnet sind 1415 die Schmiedezunft[32], Schneiderzunft[33], Schuster-, Lederzunft[34], 1416 sind genannt Loder-, Weber-, Färberzunft[35], 1418 ist genannt die Bäckerzunft[36], 1437 ist genannt die Metzgerzunft[37].

Jede Zunft wählte zwei Zunftmeister als Zunftvorsteher, die dem Kleinen Rat angehörten. Zusätzlich wählte man aus jeder Zunft sechs Zunftleute, die „Sechser"[38], die dem Großen Rat angehörten, außerdem wählte jede Zunft einen Büchsenmeister[39], einen Kornmeister (Kassier und Naturalienverwalter) und einen Zunftknecht.[40]

Ein zünftiger Meister, der einen Handwerksbetrieb leiten durfte, musste ein ehrsamer Bürger sein, er konnte Lehrlinge und Gesellen einstellen.

Die Oligarchie der Zünfte und Altgeschlechter

In der zünftig-patrizerisch regierten Stadtrepublik amtierten zwei Bürgermeister gemeinsam ein Jahr lang, je einer der beiden Parteien. Wie bisher bestand das Stadtregiment aus zwei Kammern, dem Kleinen Rat und dem Großen Rat. Monarchisches Stadtoberhaupt war der von den Kurfürsten gewählte deutsche König.

Bei den Alt-Geschlechtern beugte man einer Vetternwirtschaft vor: Nicht mehr als zwei eines „geslehtz", weder Brüder noch Vater und Sohn, konnten gleichzeitig im Rat sitzen. Die Auswechslung eines Ratsherrn erfolgte jährlich vor Fasnacht.

Ratsfähig waren nur Wohlhabende, den Räten wurde lediglich eine Aufwandsentschädigung gezahlt. Wer „hundert guldin" hatte oder „wert war", konnte Ratsherr werden. Bei den Zünften war eine Ausnahme vorgesehen, sie konnten einen „wysen cluegen man" vorschlagen und vom Kleinen Rat bestätigen lassen.

In der Steuerliste der Stadtkammerrechnung von 1437[41] waren bei einem Steuersatz von 2 % auf Grund ihres Vermögens 319 Personen ratsfähig. Es mögen 1387 etwa 250 Bürger ratsfähig gewesen sein, wovon neben den Altgeschlechtern nur Zunftmitglieder in Frage kamen.

Mit der Fasnachtsverfassung der zünftig-patrizierischen Oligarchie hatten die Handwerker im Großen Rat die Mehrheit errungen, aber das Mitregieren des gemeinen Bürgers beschränkte sich auf ihre Schicht.

Der Kleine Rat

Der Kleine Rat regierte die Tagesgeschäfte der Reichsstadt „ohn Widersprechen" und hatte „Gewalt" über „alle Ding in unser Gebiet". In ihm saßen gleich viele Räte aus den beiden Parteien: Zwölf Zunftmeister, je zwei aus den sechs Zünften, und zwölf Räte aus den Altgeschlechtern.

Der Große Rat

Der regierende Kleine Rat mit seinen zwölf zünftigen Räten und zwölf patrizierischen war Teil des Großen Rats. Neben den 12 Zunftmeistern saßen 36 weitere Handwerker, die Sechser der sechs Zünfte. Die Altgeschlechter hatten in der Fasnachtsverfassung von 1387 im 60-köpfigem Großen Rat so gut wie keinen Einfluss mehr, ihren 12 Räten standen 48 Zunftleute gegenüber.

In der großen Kammer ging es um Mehrheiten, die den gemeinen Bürger betrafen: Steuererhöhungen, Vergabe von Leibrenten, große Baumaßnahmen, Bündnisse und Kriegszüge.

Der jährliche Wahltag

Der Wahlmodus sah vor, jährlich einen Rat der Altgeschlechter durch einen Wahlausschuss zu verabschieden und einen neuen zu wählen. Der ausgeschiedene Rat durfte vier Jahre lang kein Ratsmitglied sein.

Bei der Ab- und Zuwahl des Rats behielt das Alte Geschlecht die Mehrheit. Der 18-köpfige Wahlausschuss bestand aus ihren Mitgliedern, die je einen Zunftmeister aus den sechs Zünften zuwählten. Die Wahlleitung oblag dem Stadtschreiber zusammen mit einem weiteren Zunftmeister. In Erinnerung an den Handwerkeraufstand fand die Wahl jährlich am „Freitag vor Herren Fasnacht" statt, wobei Met und Brot auf Stadtkosten gereicht wurden.[42] Verstarb ein Rat, sollte innerhalb von drei Tagen ein Nachfolger gewählt werden.

Nach der Wahl der Altgeschlechter wurden am darauffolgenden Sonntag, dem Weißen Sonntag, alle zünftigen Räte neu gewählt, nämlich zwölf Zunftmeister und 36 Sechser. Wahlleiter war nicht der noch amtierende Zunftbürgermeister, sondern der vorjährige Bürgermeister. In drei Zünften wurde am Vormittag gewählt, in den anderen am Nachmittag. Am nachfolgenden Montag wurden die neu Gewählten vor dem Großen bzw. Kleinen Rat vereidigt, so dass danach im Kleinen Rat die zwei neuen Bürgermeister gewählt werden konnten.[43]

Die Zünfte-Geschlechter-Regierung regierte erfolgreich bis zum kaiserlich erzwungenen Ende. Dies belegen die Zehntscheunen, das Münster St. Georg, das Heilig-Geist-Spital, die erweiterte Stadtbefestigung, der Ausbau zum Stadtstaat, die Bündnis- und Privilegienpolitik.

In Kraft blieb die Fasnachtsverfassung bis 1552, als Kaiser Karl V. im Rahmen der Gegenreformation eine Verfassung mit einem rein katholischen Rat anordnete. Das überwiegend protestantische Zunftwesen wurde abgeschafft, die Zunftpapiere kassiert, darunter ihr Richtungsbrief. Das Eigentum wurde beschlagnahmt, an Barvermögen besaß die Färberzunft 1200 Gulden, die Krämerzunft 800 Gulden und die Gerberzunft 400 Gulden.[44]

Der jährliche Schwörtag

Der „Schwörtag" fand am Freitag vor Fasnacht vor den Ratswahlen statt. Den Bürgern wurde die Stadtverfassung verlesen. Sie sollten das künftige Stadtregiment anerkennen und schwören, „all gesetz und ordnung der stat, als sie an diesem brief uzz gesprochen und verschriben sint, zu halten on widerred".

Vermutlich wurde die Abhaltung des Schwörtags durch den Dreißigjährigen Krieg unterbrochen, er sollte 1739 wieder eingeführt werden.[45]

Der Geldturm

Nach Einteilung der Handwerker in Zünfte, bauten man den Zunfturm,[46] in dem die Zünfte den Richtungsbrief, die Zunftordnungen, die Zunftgelder und einen Mehlvorrat aufbewahrten. Der Geldturm war aus starken Quadersteinen erbaut und repräsentierte als Gegenstück zu den Steinhäusern der Altgeschlechter die errungene Zunftmacht.

*Noch 1807 befanden sich in der bayerischen Landstadt Dinkels-
bühl die leeren „Kassen" der Zünfte im Geldturm,[47] Turmgasse
16/18. Der baufällige Turm wurde 1813 von der Stadt versteigert
und ein Jahr später abgerissen.[48]*

1387 Der Richtungsbrief der Stadt Dinkelsbühl

Aus dem Richtungsbrief[49] vom 18. Februar 1387, den die Zünfte
aufbewahrten: „Wir die raet großer und cleiner und alliu gemeind beide rych und arm der stat ze Dinckelspuehel bekennen
fuer uns und fuer uns nachkomen offenlichen mit disem brief
vor aller maennelich, daz wir all ainhelliclichen mit veraintem
rat aller stoezz, zwaiung, mishellung und uffleuf, die under und
zwischen uns gewesen sint bis uff hiuet disen tag als diser brief
gegeben ist, gegangen sin hinder nuen ersam wolbescheiden
man uzz uns allen, also daz dieselben nuen ersam man die selben stoezz, zwaiung, mishellung und uffleuf uff ir triue, die sie
gelobt hant, und uff ir geswarn ayd, die sie liplich zu den heiligen mit uffgebotnen vingern geswarn hant, wyslich fuer sich
nemen sullent und die und all ander sach schicken und ordinie-
ren sullent nach der stat und des landes ere, trost, nutz und fru-
men. Und wie die uzzsprechent und uzzgesprochen habent, als
hie nach mit besunderheit verschriben ist, darby sol es belyben
on wider red. Und daz wir all und unser ieglicher besunder daz
alles war, vest und staet halten wollen on arg list und geverd,
darumb hat unser ieglicher gelobt mit guten triuwen und dar-
zue geswarn liplich einen gelerten eyd zu den heiligen mit uffgebotnen vingern.
Die selben nuen ersam fursihtig man hant fursihticlichen uzz gesprochen also, daz unser stat gemeind belyben sol by sehs zunften, als sie die selben nuen geteilt und geordent habent; und
von ieder zunft sullent zwen zunftmaister in den cleinen rat
gan, und zwelf der alten sullent zu den zwelf zunftmaistern in
den cleinen rat gan, und in den grozzen rat sullent gan zwelf des
alten rates und die zwelf zunftmaister und uzz ieder zunft sehs
man zu iren zunftmaistern und niht mer. Und sullent fürbas niht
mere han danne zwen burgermeister, einen von dem alten rat

und einen von den zunften. Die sol auch der clein rat weln.

Auch sol der clain rat gewalt han, alliu ding in unser gebiet uzz ze richten on widersprechen des grozzen rates und der gemeind, uzzgenomen umb lipding hin zu zu geben, umb gross gelt uzz ze bringen, stiur an zu legen, umb grosse buwe und umb raisen mit ganzer oder halber stat, mit dem dritteil oder mit dem vierteil. Zu den selben uzzgenomen stucken sol der clein rat den grozzen rat beruffen.

Auch hant die selben nuen ersam man wyslich uzz gesprochen, daz niemand in cleinen und in grozzen rat genomen sol werden, er hab danne hundert guldin oder hundert guldin wert, es waere danne, daz ein zunft einen wysen cluegen man het, der als vil niht gehaben moht; daz mag diu selbe zunft fur den cleinen rat bringen; der hant danne gewalt, darumb uzz ze sprechen.

Auch sol eins ieglichen geslehtz niht mer gan in cleinen rat danne zwen, die des geslehtz namen hant von vater, und daz auch zwen bruder und ein vater und sin sune mit einander niht gan sullent in cleinen rat.

Auch hant sie wyslich und fuersihtlich uzz gesprochen, daz allweg die zwelf des alten rates oder ir der merer teil ungeverlichen uff den nehsten frytag vor Fasnacht ze samen komen sullent, und die selben zwelf sullent uff den selben frytag zu in weln und setzen sehs zunftmaister. Uzz ieder zunft einen zunftmaister. Und die selben achtzehen man sullent danne ainen des alten rates uzz setzen und ainen andern uff den selben tag wider an sin stat setzen. Und wenn man also uzz setzen und wider yn setzen wil, so soll da sitzen der statschriber und ainer der sehs zunftmaister, die niht an der wal sitzent; und der sol auch von den ahtzehen darzu erwelt werden, und derselb erwelt und der statschriber sullent danne swern oder uff die eid geloben, als sich danne die ahtzehen ekennent, die wal erberclichen on arglist zu verhoeren. Und welcher danne die maisten wal hat, uzz und yn ze setzen, der sol furgang han, und diu wal sol allweg uff die ayd beschehen.

Richtungsbrief der Alt-Geschlechter: Fasnachtsverfassung von 1387.

Wanne auch einer des alten rates gestirbet, so sol ein ander an sin stat in den naehsten drien tagen darnach gewelt werden, als ietzt geschriben ist on geverd. Und welher uzz dem alten rat also gesetzet wirt, der sol in den naehsten vier iarn darnach in keinen rat noh in die zunft komen, in welint danne die ahtzehen man oder der merer teil nach dem iar wider in den cleinen rat in wys als vorgeschriben ist, on geverd.

Und alle die, die stiur stiurent, sullent in den ayd nemen, all gesetz und ordnung der stat, als sie an disem brief uzz gesprochen und verschriben sint, zu halten on widerred, on geverd.

Diser brief sullent auch zwen sin, der ainer on geverd lutet als der ander. Den ainen sullent han und behalten die alten in ir gewalt, den andern … die zuenft und diu gemain … Und ietweder teil sol dem anderen teil sinen brief niht abnoeten noch abdringen, mit worten noch mit werken in kein weis. Und wie offt diser brief ainer oder mer schadhaft wirt, als offt sol ie ein andrer gemacht werden on widerred nach lutung des briefes on geverd.

Es sol auch niemand den nuenen ersamen wolbescheidenen

34

mannen allen, noch ir keinen besunder von der uzzspruech wegen die sie getan hant, sie sient verbrieft oder niht, keinen hazz noch vientschft tragen, noch sie noch keinen den iren darumb mishandeln mit worten noch mit werken in kein weys. Waer aber daz in iemand wer, der darumb hazz oder vientschaft trueg oder sie oder mit werken heimlich oder offenlichen, wie oder von wem man des innen wirt, der sol darumb gebessert werden an lip und an guet on gnad nach des cleinen rates erkanntnuzz, alles on geverd. Ditz sint die nuen ersam man ... Diser sach aller zu ainem warn urkund und gantzer sicherheit geben wir obgeschriben raet und gemeind beidiue arm und rych disen brief versiegelten und bevestent mit unser stat insigeln grozzem und gemeinen, diue bediue daran hangent ...

Ditz ist geschehen und der brief wart gegeben an dem geiln maentag in der vasnaht nach Christi geburt driutzehen hundert iar darnach in dem siben und ahtzigisten iar."

Die Stadtsiegel der Fasnachtsverfassung

Die Fasnachtsverfassung wurde am 18. Februar 1387 von den siegeltragenden Mitgliedern des Neunerausschusses und mit zwei Stadtsiegeln bestätigt. Die Altgeschlechter, die sich auf den fränkischen Königshofverwalter und hergekommene Rechte beriefen, griffen auf das Adlersiegel des Villicus und der Bürgerschaft zurück. Für die Handwerkerschaft wurde ein neues, bürgerliches Siegel geschaffen.

1291 Das alte Stadtsiegel nennt den Villicus Nachdem Dinkelsbühl 1274 Reichsstadt geworden war, benützte man das Stadtsiegel der Stauferzeit weiter, das wohl um 1240 entstanden war. Das älteste erhaltene Adlersiegel hängt an der Urkunde, die den Streit um die Reichertsmühle 1291 schlichtete. Ein weiteres Mal erhalten ist es 1334 bei der Stiftung einer Messe bei den Siechen. Im Urkundentext wird es als „der burger Insigel ze Dinkelspuhel" bezeichnet.[50] Weitere Siegel sind an einer Oettinger Urkunde 1366 und einer Urkunde 1369.

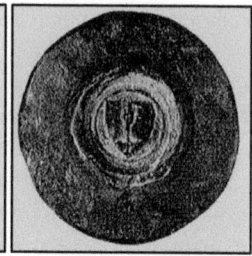

Das Adlersiegel der Fasnachtsverfassung von 1387 zeigt einen stehenden Adler, der die Zugehörigkeit der Stadt zu König und Reich ausdrückt. Der Wappenfuß zeigt die Bestandteile des Ortsnamens: Einen Dreiberg, Bühel, mit Getreideähren, Dinkel.

Die Umschrift lautet: + S(igillum) VILLICI 7 CIVIUM IN DIN-CHILSPUHEL[51] (7 = et = und). Siegel des königlichen Verwalters und der Bürgerschaft in Dinkelsbühl. Der königliche Beamte, der die Hoheitsrechte ausübte und in der Urkunde „Minister" (= königlicher Dienstmann) genannt wird, siegelte zusammen mit der Bürgerschaft der Reichsstadt.

Dem Adlersiegel ist 1387 rückseitig das Wappenzeichen der Bürgerschaft aufgedrückt, eine Ähre im Schild.

Als man das Siegel schuf, dachte man bei „Dinkelsbühl"nicht an den Villicus als Namengeber, vermutlich ein Thingolt, sondern an den örtlichen Dinkelanbau. Der Dreiberg ist ohne lokale Bedeutung und ist auf die heraldisch übliche Dreizahl zurückzuführen.

1387 Das neue Stadtsiegel nennt nur die Bürgerschaft Außerdem wurde 1387 für die neue Verfassung mit zünftiger Regierungsbeteiligung das „gemeine Insiegel unserer Stadt" geschaffen. Der Villicus wird darauf nicht mehr genannt.

Die Umschrift des Sekretsiegels der Bürgerschaft lautet: + SECRETUM CIVIUM IN DINKELSPUHEL. Sekretsiegel der Bürgerschaft in Dinkelsbühl.

Andere mittelalterliche Sekretsiegel sind 1465 und 1499 belegt.

Die Einwohner des Reichsstadtstaats

Im Stadtstaat wohnten die städtischen Bewohner innerhalb der Stadtmauer und in der Landmark, die Landuntertanen in Dörfern und auf Gehöften. Am Ende des Mittelalters lebten im Reichsstadtstaat Dinkelsbühl etwa 4 000 Stadtleute und 5 000 Landleute. Die gehobenen Schichten der Bürger und Bauern hatten unterschiedliche genossenschaftliche Rechte und Pflichten. Beide genossen den Schutz und Schirm der Stadt, waren der Ratsregierung als Obrigkeit untertan und deren Verordnungen zu Gehorsam verpflichtet und der reichsstädtischen Gerichtshoheit unterworfen. Sie schworen, dem Rat und der Stadt die Treue zu halten und Schaden abzuwenden. Von der Mitregierung waren die Reichsstadtbauern ausgeschlossen. Für Dinkelsbühler Dörfer und den gemeinsamen Besitz mit Hall und Rothenburg gab es Sonderregelungen.

Von den Dinkelsbühler Landuntertanen ließen sich im 15. Jh. durchschnittlich 28 Neubürger jährlich in der Stadt nieder.

Die Landleute

Die im Streubesitz außerhalb der städtischen Landmark wohnenden Reichsstadtbauern bewirtschafteten ihre grundherrlichen Höfe als Hintersassen der Kommune, der Bürger oder sozialer und geistlicher Einrichtungen, beispielsweise vom Hospital, der Pfarrkirche und dem Kloster. Sie waren Beständer der Güter gegen Geldzins, Abgaben in Naturalien und Arbeit mit Hand und Tier. Zu den Landuntertanen zählten Familienangehörige, Knechte und Mägde oder meldepflichtige Mitbewohner, sogenannte Hausgenossen.

Die Aufsicht über die Landuntertanen führte der städtische Bauernvogt, der mit bewaffneten Stadtknechten Kontrollritte durchführte. Bei der jährlichen Versammlung der Bauernschaft überprüfte er die Bewaffnung der wehrpflichtigen Bauern. Nachbarstreitigkeiten legte das Bauerngericht gütlich bei.

Die Stadtleute

Mit ihrem erworbenen Bürgerrecht waren Männer der Mittelschicht seit dem Erhalt des Ulmer Stadtrechts ratsfähig. Hingegen hatten die aufgenommenen Pfahlbürger mindere Rechte und Pflichten.

Außerdem wohnten gegen Bezahlung „Schutzgenossen" in der Stadt, um den Rechtsschutz der Reichsstadt ohne Pflichten zu genießen: Adelige, Kaufleute und Juden. Ebenfalls ohne Stadtpflichten war das Gesinde. Die in der Stadt wohnenden Geistlichen und Deutschordensleute waren darüber hinaus auch nicht der Stadtgerichtsbarkeit unterworfen.

1274 Dinkelsbühl darf keine Oettinger Untertanen aufnehmen

Dinkelsbühl war von 1251-1274 an Oettingen verpfändet gewesen. Jetzt zogen Leibeigene in die junge Reichsstad, wo sie freie Bürger werden konnten, meist „nach Jahr und Tag", wenn ihre Herrschaft sie nicht zurückforderte. Auf die Beschwerde des

Grafen von Oettingen verbot König Rudolf I. 1274 Dinkelsbühl, Leibeigene ohne Zustimmung ihres Herrn in ihre Bürgergemeinschaft (civile consorcium) aufzunehmen.[52]

1274-1384 Reichsstädte dürfen keine Pfahlbürger haben

Auf dem Großen Reichstag in Nürnberg 1274 bestimmte König Rudolf I. allgemein, dass keine Reichsstadt Pfahlbürger haben soll.[53] Mit den vor den Toren siedelnden, steuer- und wachpflichtigen Pfahlbürgern hätten die Städte ihre Machtstellung gegenüber den Fürsten ausbauen können.

Der Beschluss König Rudolfs I. von 1281, dass nur in der Stadt Wohnhafte Bürger werden dürfen, wurde mehrmals erneuert. Das Bürgerrecht ging verloren, wenn man nicht in der Stadt wohnte.[54] So erneuerte König Heinrich VII. 1310 das Gesetz für Pfahlbürger (constitution de civibus qui pfalburger dicuntur),[55] ebenso Kaiser Karl IV. 1361.[56] Ab 1384 versprachen die Reichsstädte, entflohene Eigenleute von Herrschaften nicht mehr aufzunehmen.

1290-1351 Die Altgeschlechter

Nachdem Dinkelsbühl 1305 das Ulmer Stadtrecht bekommen hatte, lenkten Altgeschlechter und Bürger das Stadtgeschick. Das sich entwickelnde „Patriziat" löste 1351 die Stadt aus der abermaligen Verpfändung an die Grafschaft Oettingen. Danach rissen die Alt-Geschlechter das Regiment an sich.

Die Regierungsmacht lag nun in Händen weniger Familien, die als „Stadtadel" ein vom Bürger abgehobenes Leben führten. Es waren landbesitzende Familien und regionale Handelsleute, die ihren Gewinn in Grund und Boden, Bauerngütern, Miethäusern, Mühlen, Schmieden, Fischweihern anlegten. Sie erlangten königliche Privilegien und strebten die Unabhängigkeit der Stadt an.

Ihre Rechtskenntnisse verschafften ihnen Autorität, sie traten als Zeugen und Bürgen bei Käufen, Verkäufen und Stiftungen auf. Dazu legten sie sich ab Mitte des Jahrhunderts Siegelwappen zu.

Maßgebliche Familien waren Hofer, Arnold, Berlin und Döner. Von auswärts zogen die von Crailsheim, von Schopfloch, von Radwang, von Walxheim und die Prell zu. Der grundbesitzende Kleinadel des Umlands vermischte sich mit den Altgeschlechtern.

In Dinkelsbühler Urkunden sind im Zeitraum bis 1350 genannt: Hofer 30-mal ab 1295; Arnold 14-mal ab 1321; Berlin 7-mal ab 1306, sie steigen in der Folgenzeit zum bedeutendsten Geschlecht auf; Döner 7-mal ab 1290 bis 1327 genannt, sie steigen in der Folgezeit auf.

Weniger oft sind Altbüßer ab 1295, Mülich, Kindheinz, Seifried, Walther, Friedrich, Froh, Ruppe, Streckfuß und Frühbiss genannt und in der Nachfolgezeit als Geschlechter weniger bedeutend.

Dagegen stieg der eingebürgerte Kleinadel zu bedeutenden Familien auf: Von Crailsheim 14-mal von 1319 bis 1339; von Schopfloch 10-mal ab 1319; von Radwang 6-mal ab 1290; von Walxheim ab 1306 bis 1324[57]; Prell 4-mal ab 1326[58]. Dagegen sind die von Dinkelsbühl keine Bürger, die von Kemnaten erst später.

Die Oberschicht verfolgte eine gezielte Heiratspolitik und verschwägerte sich untereinander oder mit dem Dorfadel. Die gemeinsame Interessenlage gab die politische Richtung vor.

Beispiel für die wirtschaftliche Verquickung ist eine Verkaufsurkunde von 1383. Die Dinkelsbühler Wilhelm Döner und Mitglieder der Familie Haug verkauften eine gemeinsame Gült aus einer Hofstatt in Schwäbisch Hall.[59]

Beispiel für die Versippung ist der sicherlich aus Schlierberg stammende Hans Schlierberger. Er war mit einer Rothenburgerin verheiratet, besaß 1378 mehrere Häuser in Dinkelsbühl, führte ein Wappen und besiegelte zusammen mit den Berlin und Hofer Kaufurkunden. Er war vermutlich Tuchhändler und saß im Neunerausschuss, der die Fasnachtsverfassung aushandelte.

Eine Clara Schlierberger war mit Bürgermeister Jörg Döner ver-
heiratet, von der Witwe Döner wird Hans Schlierberger als
nächster Verwandter und Ratgeber bezeichnet.[60]

Die Judenschaft

Zu den städtischen Einwohnern, die für ihren Rechtsschutz bezahlten, gehörten die Juden. Sie hatten andere Rechte und
Pflichten als die Vollbürger. Handwerk und Beruf waren ihnen
seit 1215 verboten, für den Nahrungserwerb blieben Geldgeschäfte, der Trödel-, Klein- und Viehhandel. Für den wirtschaftlichen Aufschwung der Reichsstadt war das Kreditgeschäft,
Geld gegen Zins zu verleihen, unentbehrlich. Das aber blieb den
Christen bis 1435 verboten.

1298 Erste Judenverfolgung

Vermutlich hatten sich in der Oettinger Stadtherrschaft 1251-
1274 in Dinkelsbühl Juden niedergelassen. Nachdem 1298 der
verarmte Ritter Rindfleisch unweit von Rothenburg eine Judenverfolgung angestiftet hatte, verließen sie die Stadt.
Das Nürnberger Memorbuch erwähnt eine Verfolgung der Ju-
den in Dinkelsbühl, nennt aber weder eine Anzahl noch Ermor-
dungen.[61]
Doch waren danach wieder Juden in Dinkelsbühl. Über einen
Juden Namens Bendit gibt es 1315 eine Nachricht.[62]

1341-1351 Eine zweite Judengemeinde

In der Zeit um 1341-1351, in der Dinkelsbühl abermals oettingische Pfandstadt war, bildete sich eine kleine Judengemeinde.
Im Auftrag der Herrschaft Oettingen sollte Dinkelsbühl 1346-
1351 die jährliche Steuerabgabe von 250 Pfund Heller direkt an
den Juden Pfefferkorn im oettingischen Baldern zahlen.[63]
Nahezu ausgelöscht wurde die Judengemeinde am Jahresende
des Pestjahrs 1348. Man warf den Juden vor, sie hätten die Pest

durch Brunnenvergiftung verursacht. Auch diese Verfolgung ist im Nürnberger Memorbuch erwähnt.[64]

1372 Dinkelsbühl erhält das Judenprivileg

Obwohl sich Dinkelsbühl im Jahr zuvor geweigert hatte, Kaiser Karl IV. mit Truppen gegen Baiern zu unterstützen, gewährte dieser März 1372 das Privileg, Juden unter den gleichen Bedingungen der anderen Reichsstädte zu „haben, halten, empfangen, schützen und schirmen", wobei die Stadt für die an das Reich zu zahlende Judensteuer haftete. Für den Schutz der Juden gegen „Gewalt und Unrecht" behielt die Stadt einen Teil der Abgabe.

Das Privileg war für Dinkelsbühl von Bedeutung: Juden ermöglichten durch Geldverleih und finanzielle Transaktionen die Vorschussgeschäfte des Handels, was der 1360 eingeführten, aber wenig erfolgreichen Handelsmesse Auftrieb geben konnte.

Befreit von der Judensteuer wurde Dinkelsbühl bereits November 1373. Das Privileg wurde 1376 für weitere zehn Jahre verlängert, danach musste die Hälfte aller Judeneinkünfte an die Reichskammer abgeliefert werden.

Die jüdische Finanzkraft zeigt sich, als an „den Juden zu Dinkelsbühl" 1381 eine Schuld von 512 Gulden zurückgezahlt wird.[65]

Rabbinat und Mikwe Der Dinkelsbühler Judengemeinde stand ein Rabbiner vor. Bei einem Rechtsstreit zwischen Rothenburger und Nürnberger Juden war 1383 ein Rechtstag bei Rabbiner Köpflin angesetzt.[66] Die damalige Mikwe, das rituelle Frauenbad, wird neuerdings in der Segringer Str. 4 in Marktplatznähe vermutet.[67]

1384 Dinkelsbühl enteignet seine Juden

In fränkisch-schwäbischen Reichsstädten kam es 1384 zu Ausschreitungen gegen Juden. Ihnen wurde Betrügerei vorgeworfen. In Dinkelsbühl nahmen im Sommer die regierenden Altgeschlechter in einer Judenschuldentilgung sämtliche Schuldbriefe und Pfandverschreibungen der Juden an sich und trieben das Geld von den bürgerlichen Schuldnern ein. Um die Bürger zu beteiligen, gewährten sie einen Schuldennachlass.

Die Ausschreitungen der Bevölkerung und Judenmorde sah die Obrigkeit der Reichsstädte als Ungehorsam an. Der Städtebund erließ Strafurteile gegen elf Rädelsführer und Bürger von Nördlingen, Weißenburg und Windsheim. Ihre jahrelange Verbannung aus allen Städten des schwäbischen und rheinischen Bundes wurde von der unteren Bürgerschicht unwillig aufgenommen.[68]

Die Dinkelsbühler Juden blieben wohnhaft. Ein halbes Jahr später bestätigte König Wenzel I. ihre Abgaben. Er billigte Januar 1385 die eigenmächtig durchgeführte Dinkelsbühler Judenschuldentilgung, und nahm die Stadt „umb sulche handlung" in seine Gnade auf.[69]

1385 König Wenzels 1. Judenschuldentilgung

König Wenzel I. wollte seine Kasse auf die Dinkelsbühler Art und Weise aufbessern und vereinbarte Juni 1385 mit den 38 Städten des Städtebunds eine Judenschuldentilgung. Zugleich gewährte er die Freiheit, in Zukunft weitere Juden aufzunehmen. Er forderte von den Städten 40 000 rheinischer Gulden bis zum 2. Februar 1388 in Ratenzahlungen. Im Juli gingen die ersten Zahlungsaufforderungen ein. Die Stadt zahlte vermutlich weniger als 1 000 Gulden.

Während für Dinkelsbühl die Regelung vom Januar 1385 galt, durften die anderen Reichsstädte die aufgenommenen Schulden bei den Juden mindern und bis zum Stichtag 1388 in beliebiger Höhe erpressen.[70]

Nach der Judenschuldentilgung mussten die Städte neben der Judensteuer die Hälfte von jeglichem aus den Juden gezogenen Gewinn auf Treu und Glauben an die königliche Kammer abliefern.[71]

Juden dürfen nicht aus der Reichstadt ziehen Um der Geldpressung zu entgehen, verließen Juden die Reichsstädte und suchten sich eine andere Schutzmacht. Deshalb verbot dies König Wenzel I. Juli 1385 bis zur Zahlung der 40 000 Gulden. Gegebenenfalls sollten sie an die Heimatstadt ausgeliefert werden.[72]

1390 König Wenzels 2. Judenschuldentilgung

Im Herbst 1390 ordnete König Wenzel I. erneut eine Judenschuldentilgung in den Reichsstädten an. Sie betraf Dinkelsbühl allerdings nicht, hier werden keine Juden genannt.[73] Einige hatten sich in den Schutz Oettingens begeben. Erst 1394 wurde in einem Schiedsspruch entschieden, dass die Grafen die Dinkelsbühler Juden sofort „urlauben" und zur Rückkehr veranlassen sollen.

Es sind 1397 und 1399 zwar Juden mit 6 bzw. 37 Gulden Schulden in Dinkelsbühl genannt,[74] doch gab es sicher keine Judengemeinde mehr. So verzichtete König Ruprecht I. 1401 auf die Judengült der Reichsstadt Dinkelsbühl.

Der Deutsche Orden

Andere Einwohner der Reichstadt mit besonderen Rechten waren die zum Deutschordensamt gehörenden Personen. Sie waren von städtischen Pflichten wie Arbeitsdienst an den Befestigungen und Wachdienst befreit. In Verträgen ab 1447 wurden u.a. die gerichtliche Unabhängigkeit und ihre Stellung als Bürger geregelt. Auch der Ordensvogt hatte diese Rechte, sofern er kein Dinkelsbühler Bürger war und solange er keinen Handel betrieb, er musste aber der Stadt Treue geloben. Beim Kauf von städtischem Wein waren die Ordensleute vom Ungeld befrei, für den eigenen Wein mussten sie Getränkesteuer entrichten.

1324 Erster Deutschhof am Rothenburger Tor

Im kaiserlosen Interregnum 1256-1273 war das staufische Reichsland im Sulzach-Wörnitz-Raum zerfallen. Das Weidelbacher Reichsgebiet war an den Deutschen Orden gekommen.[75] Nachdem der Äußere Graben die Vorstädte schützte, ließ sich der Deutsche Orden in der Reichsstadt nieder. Der erste Deutschhof wurde wahrscheinlich um 1320 erbaut – zumindest ist ein Herr von Lauchheim „von dem tütschen haus" 1324 Zeuge einer Stiftungsurkunde für das Karmeliterkloster. Der erste „Dutsche hoff" lag am heutigen Rothenburger Tor, wahrscheinlich im heutigen Spitalgelände zwischen dem Haus Dr.-Martin-Luther-Str. 10 und dem Landestheater. Ein „Pfleger" des Amts der Komturei Mergentheim wird erstmals 1352 genannt.[76]

1390 Deutschordenshof am Deutschhofberg

Der Deutsche Hof musste abgerissen werden, weil man dort die Stadtmauer erweitern wollte. Der Komtur von Mergentheim und der Landkomtur der Ballei Franken erklärten am 23. April 1390 auf „Haus und Hofreit ... hie zu Dinkelspühel in Rottemburger Vorstatt gelegen" zu verzichten.[77] Die Stadt zahlte dem Orden als Entschädigung 450 Pfund Heller Dinkelsbühler Währung, wofür dieser am „Dönersberg", Föhrenberggasse 30, mehrere Anwesen und Hofstätten mit Gärten erwarb.

Das Dinkelsbühler Amt wurde 1456 von der Komturei Mergentheim an die Komturei Nürnberg getauscht. Der Deutschordenshof Dinkelsbühl verwaltete die Ämter Erzberg, Schneidheim, Weidelbach und Belzheim mit mehr als 200 Untertanen.

Der heutige Schlossbau entstand 1709-1764.

Die Stadt wird Stadtstaat

Stadtmark und Territorium

Zu unterscheiden ist das Stadtgebiet der ummauerten Stadt einschließlich der abgemarkten „Landhege" oder „Landmark" vom Territorium des Reichsstadtstaats.

Dinkelsbühl hatte im ausgehenden Mittelalter ein Stadtgebiet von rund 15 Quadratkilometer und 4 000 Einwohner. Als mittelgroße Stadt gehörte Dinkelsbühl zu den 150 größten Städten Deutschlands. Außerhalb des Stadtgebiets lebten rund 5 000 Landuntertanen. Mit seinem beträchtlichen territorialen Streubesitz war Dinkelsbühl ein bedeutender Stadtstaat, der in der Region den dritten Platz nach Nürnberg und Rothenburg einnahm.

Die städtische Landmark

Erst nachdem Dinkelsbühl 1274 Reichsstadt geworden war, konnten die regierenden Bürger ein geschlossenes Umland als städtische Landmark gewinnen. Die Spitalpfleger als Ratsaufsicht des Spitals kauften die Reichertsmühle „zu der Pflader" bei Segringen 1317 vom Benediktinerkloster Mönchsroth für 78 Pfund Heller. Zeugen waren unter anderem Mitglieder der Altgeschlechter Hofer, Döner und Berlin.

1323 Das Gemeindegrundprivileg

Das Gemeindegrundprivileg König Ludwigs IV. von 1323 erlaubte der Kommune, „dass sie aus ein Teil der Gemein, die sie haben, verkaufen mögen und ein ander Teil her wieder kaufen."[78] Damit konnten Güter erworben werden, um eine geschlossene Landmark ausbauen, in der das Bürgerrecht galt. Wer sich hier niederließ war steuerpflichtig, was die städtische Finanzkraft erhöhte.

1331 Die Mutschach wird Landmark

Am jenseitigen Wörnitzufer besaß die Reichsstadt nur ein kleines Landgebiet, den „Burgbühl" an der Bechhofener Straße, der zum staufischen Burgum Dinkelsbühl gehört hatte. Eine Ausdehnung des Stadtgebiets verhinderte bisher der königliche Bannwald „Mutschach".

Nun setzte die Reichsstadt Dinkelsbühl der Erstarkung und drohenden territorialen Einengung durch Dürrwangen eine städtische Landmark entgegen. Wahrscheinlich erhielt das Reichslehen Dürrwangen 1331 das Marktrecht durch Kaiser Ludwig IV. verliehen. Dürrwangen erhielt damals auch das Privileg, zehn Juden aufzunehmen.[79]

1324-1732 Topografie der Mutschach Im Gebiet lässt sich auf Dinkelsbühler/Gersbronner Seite wie auch auf der Dürrwanger/Halsbacher Seite die Bezeichnung „Munt"[80] für mehrere Höfe und Flurlagen nachweisen. Die geschlossene Waldung reicht heute noch nahe an die Siedlungen Dürrwangen und Dinkelsbühl heran: Die Mutschach erstreckte sich einst als unantastbarer königlicher Bannwald von der heutigen Mutschachgaststätte und dem Tigertwald bis nach Hirschbach und Halsbach.

Das gesamte Waldgebiet wurde 1732 in der Beschreibung des markgräflich-ansbachischen Oberamts Feuchtwangen von Vetter als „Munschiholz" bezeichnet: „Von hier durch das Dünckelspühlische Munschiholz der Straßen nach ... auf Witzleinsmühl zu fort und durch das Muntschiholz hinaus ..."[81]

Zwischen deutschordischen und spitalischen Hintersassen zu Halsbach wird 1491 um den Weidetrieb in das Holz „in der Mutschach" gestritten.[82] Und noch weiter nach Dinkelsbühl zu, zwischen Halsbach und dem Weißen Kreuz, am Dinkelsbühler Landgraben der Mark, lag der Weiher, „das Vorhenweyerlein in der Muntschach außerhalb des Landgrabens".[83]

Auf der Dinkelsbühler Seite ist auf dem Grundriss der Markungskarte von Daniel Meyer 1698 beim heutigen Mutschachwaldrand „in der Muntschen genannt" eingetragen.[84] Hingegen wird auf dem Gemarkungsplan von 1586 der südlich davon liegende Tigertwald (Gigert = Vogelherd), bei dem ein Hof mit Teich abgebildet ist, mit „Mundischaw" bezeichnet.

Eine weitere Ortsbeschreibung gibt eine Urkunde von 1487, in der es heißt, dass der „Schelmenweyer unterhalb Gereßbrunn mitsamt der Schleifmühle" zu „Dinkelsbühl in der Muntschach"[85] liegen. Damit ist der Platz des späteren Fischguts und Schadschen (Reigelschen[86]) Schlösschens, bzw. der Hans Maurs-Mühle, bzw. zuletzt der Pulvermühle gemeint, nämlich der Platz der heutigen Mutschachgaststätte.[87]

Eine vierte Örtlichkeit ist die Fischerei in der Muntschach, die in einer Verkaufsurkunde 1444 sichtbar wird: Der Käufer darf in den hinter Gersbronn gelegenen Gründen „in dem Zwanbach" beliebig viele Weiher bauen.[88] Und 1464 werden dann dort „ein Holz mitsamt 5 Weihern darin und daran, genannt die Muntschach", verkauft. Der Hellenbacher Kirchweg nach Halsbach führte über das untere Weiherwehr, querte also diese Weiherkette und ging durch die Muntschach hindurch. Für dieses Gut erteilte außerdem die Stadt Feuchtwangen als Steuerberechtigter die Verkaufsgenehmigung. Die angrenzenden Hölzer gehörten dem Karmeliterkloster und dem Spital.[89] Zwanzig Jahre später werden dort nur 4 Weiher genannt. Doch 1488 wird dieses „Holz mit 5 Weihern, genannt die Mundschach" erneut angeführt.[90] Ein anderer Hinweis ist, dass „das Drittteil der Muntschach" 1470 Zehnt des Spitals war,[91] also wahrscheinlich ursprünglich das Spital der Eigentümer war. Damit liegt diese Flurbezeichnung „Muntschach" zwischen Gersbronn und Hopfengarten – keineswegs können damit die 7 Fischteiche und 4 Gruben der Schadsche Fischerei gemeint sein, die sich im 17. Jahrhundert hinter der heutigen Mutschachgaststätte hinzogen.

Auf der Dürrwanger Seite taucht ebenfalls der Flurname auf. So verkaufte der kaiserliche Landvogt Heinrich von Dürrwangen 1324 u.a. neben Gütern in Köhlau und Lohe auch „6 Gütlein ze der muntschawe" an das Dinkelsbühler Spital. Und vier Jahre später erlaubte er um seines Seelenheils willen, „die Steingrube bei Muntschawe, die nach Hirspach gehört", für Spitalbauten zu verwenden.[92] *Hirschbach liegt etwa auf halben Weg zwischen Dürrwangen und Halsbach. Auch wird 1347 ein „Haintz Mayer von der Muntschawe"*[93] *genannt, der vermutlich in diesem abgegangenen Ort wohnhaft war.*

Eine weitere Örtlichkeit: Der Dinkelsbühler Patrizier Fritz Hofer verkaufte 1436 „einen Busch Holz im Dürrwanger Holz zwischen der Munschach und dem Hellenbacher Keirwege".[94] *Der Hellenbacher Kirchweg ging südlich an Hopfengarten vorbei, durch den Rappenwald nach Halsbach und mündete bei den Steinkreuzen in die heutige Straße Dinkelsbühl/Bechhofen. Der Lagebeschreibung nach lag diese Flur „Munschach" also ebenfalls nach Hirschbach hin.*

Wiederum woanders werden 1732 in der Vetterschen Beschreibung am Munschiholz „des öden Munschihofs Felder ... zu Halsbach vererbt" genannt.[95] *Demnach müssen sie an der heutigen Dinkelsbühler/Bechhofener Straße in der Nähe des Waldaustritts gelegen haben. In der Flur „Muntschenfeld" bei Halsbach stand demnach ein Hof. Hierzu passt, dass es in Halsbach den Hausnamen „Muntschenbauer" gibt, der in der genannten Gegend Ackergrund hatte und 1676 erstmals erwähnt ist.*[96]

Somit lässt sich die Bezeichnung „Mutschach" für das Waldgebiet zwischen Dürrwangen und Dinkelsbühl seit 1324 nachweisen.

1341 Oettingen besitzt den Wildbann bis zum Landgraben

Der Wildbann Mutschach war am Ende der Stauferzeit in den Besitz der Grafschaft Oettingen gekommen und bei der Revindikation König Rudolfs I. 1274 nicht ans Reich zurückgegeben worden. Die Markterhebung Dürrwangens 1331 führte zu „Stöß, Krieg und Auflauf" um das Wildbanngebiet zwischen den beiden alten Reichsgütern Dürrwangen und Dinkelsbühl. Graf Albrecht von Oettingen und Heinrich von Dürrwangen einigten sich 1341 darauf, dass die Dürrwanger Herren das Jagdrecht „ewiglich" bis etwa 4 km um Dürrwangen hatten.[97] Dies reichte in Luftlinie exakt bis zur später beschriebenen städtischen Landmarkgrenze „Weißes Kreuz" an der Straße Dinkelsbühl – Bechhofen. Im selben Jahr wurde Dinkelsbühl vermutlich eine Pfandstadt Oettingens und blieb es bis 1351. Die Dinkelsbühler Verwaltung des Wildbanns Mutschach festigte die Grenze der städtischen Landmark.

1429 Die Landhege

Nachdem König Wenzels I. 1398 Dinkelsbühl das Recht gegeben hatte, „alle schädlichen Leut" auf dem Land zu fangen und ab-zuurteilen, wenn es dort kein geschworenes Halsgericht gab, begann man den städtische Rechtsbezirk als Landhege mit Grenzsteinen zu markieren und als Wasser-Wall-System auszu-bauen. Es fallen 1429 Verzehrkosten bei „der heg" an, „als der landgrab gemacht wart".[98]

Der Landgraben bestand aus einem zwei Meter hohen Wall mit beidseitigem Gräben und war insgesamt 11 bis 14 Meter breit.[99]

Die Landhege verlief in 2 bis 3,5 km Entfernung um die Stadt. Sie war etwa 17 000 Meter lang und umschloss, 1698 gemessen von Daniel Meyer, umgerechnet 16,97 Quadratkilometer. Die 1476 urkundlich beschriebene Grenze war etwas kleiner und folgte im Süden Bächen und aufgestauten Weihern. An den Höhen im Osten und Nordwesten wurden zwei Landgräben angelegt: 1 650 Meter lang von der Hausertsmühle bis Heiligenbrunnen an der Larrieder Straße und 2 300 Meter lang von Weiherhaus an der Straße nach Wassertrüdingen bis zum Weißen Kreuz im Mutschachwald an der Straße nach Bechhofen.

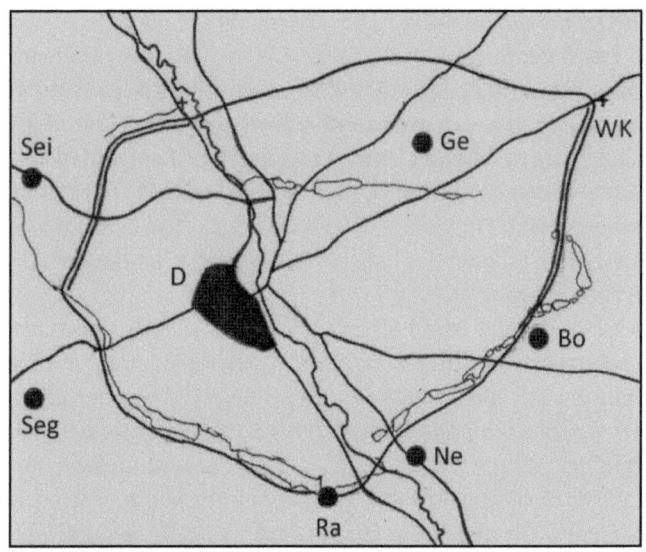

Die Dinkelsbühler Landhege mit zwei Landgräben.
D Dinkelsbühl, Sei Seidelsdorf, Ge Gersbronn, WK Weißes Kreuz,
Bo Botzenweiler, Ne Neustädtlein, Ra Radwang, Se Segringen.

1435 Der Fraischumgang

Die Grenzsituation verschärfte sich, als die Grafschaft Oettingen 1433 den Markt Dürrwangen für 5 400 Gulden kaufte. Zu den erworbenen Rechten gehörten u.a. die Hochgerichtsbarkeit und der Dürrwanger Bereich des Mutschach-Wildbanns. Zwei Jahre darauf wurde von Kaiser Sigismund das Gerichtsprivileg von 1398 erneuert, wegen „teglicher rouberei und ander beschedigungen" alle Friedensbrecher in der Umgebung zu fangen und nach Stadtrecht zu verurteilen.

Um die Dinkelsbühler Gerichtshoheit dem oettingischen Dürrwangen zu demonstrieren, hielt man möglicherweise nach 1435 bereits am St. Bartholomäustag einen Grenzumgang ab, der später als „Fraischritt" erweitert durchgeführt wurde.

1476 Das Landmarkprivileg

Auf Bitten der Stadt sicherte Kaiser Friedrich III. 1476 mit einem Privileg die Landhege als städtische Gerichtsgrenze staatsrechtlich ab. Die Landmark wurde zum unveräußerbarem „Gerichtszwang, Mark und Gebiet" erklärt. Die Stadt durfte die Mark mit Gräben, Zäunen, Hecken u.a. befestigen, soweit das noch nicht geschehen war. Ein Verstoß gegen dieses städtische Recht war mit 50 Mark lötigem Gold angesetzt, zur Hälfte an die kaiserliche Kammer zahlbar.

Der Urkundentext beschreibt den Grenzverlauf des Gewässer-Wall-Systems der „Landmark", wobei das Weiße Kreuz eigens genannt wird: „Bei der Newenstat an dem Weiher, der Contz Tewrer gehört hat, das Tal hinaus bis Botzenwyler an der Wydenmänin oberen Weiher, zum Wyssen creutz, das an der Straße nach Nürmberg steht, zum Murlins buchel, zum Schuchkauff, zur alten marck, zur Werntz, nach Velden, dem Heiligen Bach hinauf bis zum Heiligen prunnen, zum Grund, genannt die Lang kling, zur Glögkelwiß, bis zum Schlaiffweg, bis zur Hawßnersmul, das Tal und den Weiher entlang bis zur unteren newen Radwangers mul, bis zur Werntz und wieder bis zum Newenstetter Weiher."

Das Territorium der Reichsstadt

Die Erwerbspolitik

Grundlage politischer Macht war der Grundbesitz, der die Justizgewalt beinhaltete. Der umfangreiche Dinkelsbühler Streubesitz, eingebettet in umliegende Herrschaftsgebiete, umfasste etwa 15 km im Umkreis. Dinkelsbühl blieb bis zu Beginn des 19. Jh. die bedeutendste Stadt der Region. Der Aufstieg zur Territorialmacht erfolgte durch eine Erwerbspolitik, zuerst der Altgeschlechter, dann des Magistrats. Zum reichsstädtischen Besitz kam die städtische Schirmherrschaft über die Güter des Deutschordens oder die Vogtei des Frauenklosters in Dorfkemmathen hinzu.

Den Grundstock des Streubesitzes legte der im Umland begüterte, zugezogene Landadel, der seine Besitzungen den Bauern
abgabepflichtig überließ. Finanzkräftig geworden, legten sie in
der 2. Hälfte des 13. Jh. ihre Gewinne in weiteren Liegenschaf-
ten, Dörfern, Kirchensätzen und Zehnten an. Allerdings verkauften sie auch Güter und ganze Dörfer wie Wittelshofen, Bern-
hardsweiler und Unterdeufstetten.

Ebenso erkannten wohlhabend gewordene Handwerker die
Vermögensanlage von Gütern. Sie erwarben grundherrschaftli-
che Rechte an Mühlen, Fischteichen, Waldungen, Wiesen und
Äckern.

Um 1600 gab es mehr als 800 dinkelsbühlische Anwesen in ca.
170 Orten. Dazu kamen mehr als 20 Dorfzehnten, die jährlich
Korn, Dinkel und Hafer lieferten.

Mit dem Kauf von Kirchensätzen und Zehnten hatte die Stadt
Rechtseinfluss in Ortschaften erworben. Der Kirchensatz war
das Lehnsrecht über Pfarrkirchen, das Recht auf Einsetzung des
Pfarrers und auf den Zehnten, dem größte kirchliche Einkom-
men.

Vieles ging durch frommen Stiftungen des Adels und der Landbevölkerung an das Hospital, die Reichalmosenpflege, Siechen-
pflege, an Kirchenstiftungen und das Karmeliterkloster. Der
größte Grundbesitzer war das Heiliggeistspital, dessen ältestes
Salbuch um 1350 angelegt wurde. In 89 Orten mussten über 200
Zinser Abgaben leisten: Weisat (Geschenk), Wegelos (Wegzugs-
zahlung), Natural- und Geldgülten. Als Naturalien wurden gegeben: Korn, Weizen, Kern, Dinkel, Gerste, Hafer, Herbsthühner
und Fasnachtshennen, Eier, Käse, Wachs, Öl, Lämmer,
Schweine. Die Geldgült betrug durchschnittlich 2 bis 3 Pfund
Heller.[100]

Dem Dinkelsbühler Spital verkauften beispielsweise 1324 der spä-
tere kaiserliche Landvogt Heinrich von Dürrwangen und seine
Frau Margarethe insgesamt 19 Güter in Köhlau, Lohe, Munt-
schau und Hegnach (ein abgegangener Ort bei Bernhards-
wend).

Bis zur Mitregierung der Handwerker ab 1387 erwarben vor allem die Geschlechter Berlin, Hofer, von Pfaffenangst, von Schwabsberg, Arnold, Werntzer und von Radwang, Egen, Prell und Döner Landgüter.

Das Beziehungsgeflecht der Dinkelsbühler Familien und die Finanzkraft zeigen sich in den vergabten Lehen. Als Lehnsleute der Äbte und Pröpste von Ellwangen spielen die Berlin eine herausragende Rolle, sie besaßen 1362 die Vogtei mit Gütern in Pfahlheim. In den Lehnsbüchern häufig genannt sind ab 1364 auch die Döner. Außerdem werden unter anderen Heinz Arnold im Steinhaus genannt, die Hofer, Werntzer, von Radwang und ab 1400 die Kesselring.[101]

Friedrich Hofer kaufte vom Schwäbisch Haller Kunz Adelmann 1386 den Kirchenzehnt und die Pfarrgüter von Schopflohe im Ries. Lehensherr war Graf Johann von Truhendingen (Wassertrüdingen). Als Lehnsleute derer von Hohenlohe sind die Werntzer vor 1367 eingesetzt.[102]

1381 Wört wird dinkelsbühlisch

Der Kauf von Burgstall, Dorf, Mühle und Gütern von Wört, das 5,5 km südwestlich von Dinkelsbühl liegt, war von Werntzer 1381 erworben worden.[103] Lehnsherrn waren je zur Hälfte die Grafen von Oettingen bzw. die baierischen Herzöge. Kaspar Werntzer, der Rothenburger Bürger geworden war, und seine Frau Barbara verkauften das Dorf Wört mit allen Zugehörigkeiten 1395 weiter an das Heiliggeistspital, außerdem den Schafhof Hirschbach und weitere Höfe, Lehen, Mühlen, Weiher und elf Hölzer. Der Kaufpreis betrug 1 100 rheinische Gulden. Wört blieb bis zum Ende der Reichsstadtzeit dinkelsbühlisch.

Das Dinkelsbühler Territorium im Hohenloher Land

1384 Hohenlohe verpfändet Kirchberg und Langenburg Das Haus Hohenlohe geriet infolge von Erbteilung, aber auch wegen des Schadens durch den Städtekrieg in finanziellen Schwierigkeiten. Ein Sieben-Städte-Konsortium, das sich Geld lieh, brachte 15

000 rheinische Goldgulden auf. Innerhalb des Konsortiums bildeten Rothenburg, Dinkelsbühl und Windsheim ein Teilkonsortium. Von der Gesamtsumme gaben sie zusammen 6 000 Gulden,[104] die sie in Speyer bei zwölf Kreditgebern zu 10% liehen.[105] Graf Ulrich von Hohenlohe stellte 1384 den Städten Rothenburg, Windsheim, Dinkelsbühl, Schwäbisch Hall, Heilbronn, Wimpfen und Weinsberg einen Schuldbrief aus. Die Laufzeit betrug zehn Jahre, die jährliche Verzinsung 12 %. Als Sicherheit gab er Burg und Stadt Kirchberg sowie die Veste Langenburg mit Leuten, Gütern, Gülten, Rechten, Renten und Nutzen.

Ulrich von Hohenlohe konnte 1387 und 1388 die Jahreszinsen von 1 800 Gulden nicht begleichen. Er sollte im Dezember nach Schwäbisch Hall kommen und bis zur Zahlung in Geiselhaft bleiben.[106] Daraufhin brachten die Städte die Angelegenheit vor das Hofgericht. Ihnen wurde 1392 der Zugriff auf die Pfandschaften gestattet.[107] Ulrich und Friedrich von Hohenlohe wurden in das Achtbuch eingetragen, sie wurden in Unfriede gesetzt, ihren Freunden verboten und ihren Feinden erlaubt.[108]

1394 Dreistädteherrschaft Das Sieben-Städte-Konsortium nahm die hohenlohischen Pfänder 1394 in Besitz,[109] wobei Schwäbisch Hall, Rothenburg und Dinkelsbühl als Tridominium die Herrschaft übernahmen. Dinkelsbühl und Rothenburg hielten je ein Viertel der Pfandschaft. In Kirchberg waren ein Rothenburger und ein Dinkelsbühler Amtmann gemeinsam eingesetzt, um es „Tag und Nacht" zu bewachen. Schwäbisch Hall bewahrte die Schuldurkunde über 15 000 Gulden auf.[110]

Drei Jahre später verlangte die Dreistädteherrschaft die Übereignung der hohenlohischen Pfänder, was sich wegen verwandtschaftlicher Rechte hinzog. Den drei Städten standen von der Gesamtschuld 9 000 Gulden zu, den vier Städten Heilbronn, Wimpfen, Weinsberg und Windsheim 6 000.[111] Um seine Schulden zu tilgen, verkaufte Ulrich von Hohenlohe am 27. Mai 1398 an die Städte Schwäbisch Hall, Rothenburg und Dinkelsbühl für 18 000 rheinischer Gulden u.a. die Rechte, Güter und Zehnten von Stadt und Burg Kirchberg, Veste und Amt Honhardt, Veste und Amt Ilshofen, die Güter und Gülten, die Zehnten von zwölf genannten umliegenden Orten. Damit besaß Dinkelsbühl bis 1399 ein Viertel des Territoriums am wichtigen Jagst Übergang.

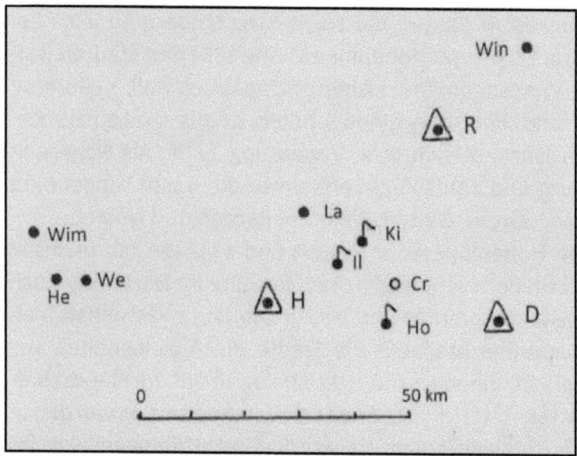

D Dinkelsbühl; Cr Crailsheim; He Heilbronn; Ho Honhardt; Il Ilshofen; Ki Kirchberg; La Langenburg; R Rothenburg; H Hall; We Weinsberg; Wim Wimpfen; Win Windsheim.
Punkte: Siebenstädte-Konsortium 1384.
Dreiecke: Tridominium des Siebenstädte-Konsortiums 1394.
Fähnchen: Pfand und Besitz des Tridominiums 1398, ab 1399 mit Drittelteilen ohne Haller Honhardt.
Das Territorium Kirchberg an der Jagst wurde von den drei Städten bis 1562 gemeinsam verwaltet.

1399 Besitzaufteilung des Tridominiums Bürgermeister, Räte und Bürger der Reichsstädte Rothenburg, Dinkelsbühl und Schwäbisch Hall beurkundeten 1399 eine Aufteilung. Die Veste, das Amt und das Dorf Honhardt behielt Schwäbisch Hall alleine. Die Schlösser und Ämter Kirchberg und Ilshofen wurden gemeinsamer Besitz zu je einem Drittel. Keine Stadt durfte ihren Anteil ohne Zustimmung der anderen versetzen oder verkaufen. Im Kriegsfall durfte keine Stadt die Gegner der anderen in die Schlösser einlassen. Jede Stadt durfte sich jedoch mit eigenen Leuten aus diesen Schlössern heraus verteidigen.

Über die Besetzung der Kirchberger Vögte, Wächter, Amtleute, Knechte und über die Beschlüsse von Baumaßnahmen und sonstigem Schutz entschied die Mehrheit der Ratsboten, die von den drei Städten mehrmals im Jahr nach Kirchberg gesandt wurden: Was „ein mehrers unter uns dry Städte" beschließt, „daby soll es denne belyben und das minder dem mehrern folgen." Obervogt und Untervogt wurden jährlich von einer anderen Stadt gestellt. Waren die Baumaßnahmen teurer als die jährlichen Einnahmen der Ämter, sollte jede Stadt ein Drittel der Kosten übernehmen.[112]

1431 Wilburgstetten und Limburg werden dinkelsbühlisch

Markgraf Friedrich von Brandenburg und sein Sohn Johanns verkauften 1431 ihr vor drei Jahrzehnten erworbenes Schloss Wilburgstetten und den Burgstall Limburg. Dazu gehörten neben Häusern und Höfen, Äckern, Wiesen und Wäldern, Teichen u.a. der Kirchensatz, die Brücke, die Schenke, das Bad und die Mühle sowie Anwesen in anderen Orten. Ein Dinkelsbühler Konsortium, bestehend aus 10 Dinkelsbühler Bürgern und dem Stadtschreiber Schwertführ, erwarben es für 9 000 Gulden. Die Käufer Eberhart, von Feuchtwang, Goltbach, Förster, Berlin, Berlin, Hofer, Jung, Kurr, Theurer und Schwerführ verkauften schon einen Monat danach Wilburgstetten mit allem innerhalb von Zaun und Graben, die Wörnitzbrücke, sowie alle Rechte wie sie der Markgraf von Brandenburg gehabt hatte, für 700 Gulden an die Kommune Dinkelsbühl. Der Reichsstadtstaat Dinkelsbühl hatte damit die Landeshoheit über das Dorf Wilburgstetten, dessen Gerichtszugehörigkeit bis ins 19. Jh. Gültigkeit hatte.

Oettingen und Hohenzollern hindern die territoriale Ausdehnung

Oettingen Die Grafen von Oettingen kreisten die Reichsstadt regelrecht ein, die um 1341-1351 wieder in ihrer Hand war. Sie wollten Dinkelsbühl ihrem Territorium einverleiben.

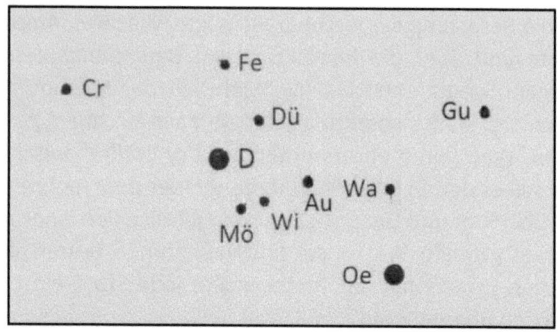

D Dinkelsbühl, Oe Oettingen, Au Aufkirchen, Cr Crailsheim, Dü Dürrwangen, Fe Feuchtwangen, Gu Gunzenhausen, Mö Mönchsroth, Wa Wassertrüdingen, Wi Wilburgstetten.

Die Reichsstadt Aufkirchen war bereits 1334 an sie verpfändet und nie wieder ausgelöst worden. Der Mutschachwildbann, der bis zur späteren Dinkelsbühler Landhege reichte, kam 1341 an sie. Den Oettinger Forst, als „Truhendinger Forst" bezeichnet, erhielten sie 1347.[113] Die Verpfändung von Feuchtwangen wurden 1347 bestätigt.[114] Die Reichsvogtei des Klosters Mönchsroth erwarb Oettingen endgültig 1349, was zu endlosen Streitigkeiten bis zum Reichsstadtende führte, weil damit der gesamte Wörnitz-Rotach-Zwickel unter die Gerichtshoheit Oettingens gelangt war.[115] Schließlich kauften sie 1433 den benachbarten Marktort Dürrwangen, wozu Dinkelsbühl offenbar nach dem Kauf von Wilburgestetten und Limburg die finanziellen Mittel fehlten.

Oettingen wollte seine Pfandstadt Dinkelsbühl an sich reißen. Der rechtzeitige politische Wechsel der Grafen Friedrich und Ludwig von der Wittelsbacher Seite zur luxemburgisch-böhmischen wurde durch den neuen König Karl IV. belohnt. Die Grafen fädelten ein Tauschgeschäft ein, das das Ende der Reichsunmittelbarkeit Dinkelsbühl bedeutete: die Reichsstadt sollte oettingisches Erblehen werden.

In Pirna stellte 1351 König Karl IV. Urkunden aus, in der Oettingen sein Niederelsass und 16 000 Pfund Heller Bargeld gegen die bereits verpfändeten Reichsstädte Dinkelsbühl und Bopfingen „mit allen Rechten, Nutzen und Zugehörungen zu einem rechten Erblehen" eintauschte.[116]

Weil dieser Handel Reichsstädte betraf, mussten allerdings die Reichfürsten zustimmen. Die Dinkelsbühler Altgeschlechter reagierten umgehend. Wenn sie keine oettingischen Fürstenknechte werden wollten, mussten sie die Stadt selbst auslösen. Tatsächlich brachte die aufblühende Handels- und Handwerkerstadt die Riesensumme auf. Ein Vierteljahr später beurkundeten die Grafen Ludwig und Friedrich von Oettingen und Landgrafen in Elsass, von der Dinkelsbühler Bürgerschaft 7 200 Pfund Heller erhalten zu haben.

Die Rechnungseinheit Pfund hatte 240 Stück Heller, die Dinkelsbühler mussten also die Summe von 1 728 000 Heller aufbringen. 1 Pfund Heller enthielt allerdings nur noch 50,6 Gramm Silber anstatt der ursprünglichen rund 477 Gramm.[117]

Die Reichsstadt Dinkelsbühl wurde von ihrem Eid der Grafschaft Oettingen gegenüber entbunden. Sie blieb Reichsstadt bis zur Eingliederung ins Kurfürstentum Bayern am 1. Dezember 1802.

Hohenzollern Ebenso kreisten die Hohenzollern die Reichsstadt Dinkelsbühl ein. An die Burggrafen von Nürnberg war Ansbach 1331 gekommen, Gunzenhausen 1368, Wassertrüdingen 1371, Feuchtwangen 1376, Crailsheim erwarb man 1399. In Wilburgstetten und Limburg waren die Hohenzollern Lehens- und Gerichtsherren von 1405 bis zum Verkauf 1431 an Dinkelsbühl.

Die Gerichtsfreiheit

Vom Ammanngericht zum Stadtgericht

1274 Das Ammanngericht

Wesensbestandteil eines Stadtstaats war die Gerichtshoheit. Nachdem König Rudolf I. 1274 Dinkelsbühl als Reichsstadt zurückgewonnen hatte, übte der vom König eingesetzte „Advocatus" die Niedere und Hohe Gerichtsbarkeit aus. Die vermögende Oberschicht der Altgeschlechter begann sich mehr und mehr in Verwaltung und Justiz einzumischen.

1305 Die Dinkelsbühler Rechtsstatuten

Ein Schritt auf dem Weg zum autonomen Stadtstaat war das Privileg vom 11. August 1305 König Albrechts I. von Habsburg, Dinkelsbühl die Rechtsstatuten der Stadt Ulm zu gestatten. *Von der ältesten Dinkelsbühler Rechtsaufzeichnung ist eine Abschrift um 1393 erhalten, sie zeigt eine große Übereinstimmung mit dem Ulmer Recht von 1376. Zusammengefasst waren die strafrechtlichen Bestimmungen in den „Statuta Dinkelsbühliana",[118] sie enthielten auch Bestimmungen zur Bürgeraufnahme und Steuerpflicht.*
Die 24 Artikel der Dinkelsbühler Statuten sind auffallend streng. Die Geld- und Verbannungsstrafen sind in der Regel ungleich höher als in Ulm - ein bis zu zwölffaches Strafmaß! Wer wegen eines Frevels aus der Stadt verbannt wurde, musste mit acht oder 14 Tagen, einem Monat, einem halben oder einem ganzen Jahr rechnen. Das gestaffelte Bußgeld reichte bis zu sechs Pfund Silberpfennigen. Nach einer Rauferei oder beim Ziehen einer Waffe verhängte man einen Monat Verbannung, floss dabei Blut wurde man mit einem halben Jahr und vier Pfund Hellern (1 Pfund = 240 Heller) bestraft. Auch für üble Nachrede gab es Verbannung: Für „Dieb oder Mörder" erhielt man ein halbes Jahr, für „Lügner" acht Tage.[119]

Des Weiteren wurde bestimmt: Wer sich in der Stadt häuslich „drei, vierzehn Tage oder mehr" niederließ, der musste die Stadtsteuer unter Eid selbst einschätzen und musste wie alle anderen Bürger dienen, Wache gehen und sich am Befestigungsbau beteiligen.

Was ein Fremder „uzman" in der „Mark" kaufte, sollte bei der Stadt versteuert werden, je Pfund (240 Heller) Kaufpreis waren vier Heller fällig. Innerhalb eines Monats gab es ein Rückkaufrecht um denselben Preis.

1305 Das Stadtgericht

Im Stadtgericht eröffnete nun der königliche Reichsstadtbeamte „minister" nur mehr den Prozess, erteilte den Parteien das Wort und war Richter. Das Urteil sprachen beim Niederen Gericht die zwölf Geschworenen, die aus der Oberschicht der Bürgerschaft stammten. Sie waren auch bei Ausstellung von Verträgen als Bürgen beteiligt.

Urkundlich ist erstmals 1306 die Beteiligung städtischer Räte „consules civiumque communitas" belegt.

1351 Freie Ammannwahl

Nach der Selbstbefreiung Dinkelsbühls aus der etwa zehnjährigen Oettinger Pfandherrschaft 1351 gewährte Kaiser Karl IV. das Privileg, den Stadtammann sechs Jahre lang selbst zu wählen. Damit hatte man Einfluss auf das städtische Hochgericht gewonnen. Das Recht dürfte bei der Stadt geblieben sein.

Nach 1351 Die Stadt übt die Niedere Gerichtsbarkeit aus

Mit der freien Ammannwahl war wohl die Niedere Gerichtsbarkeit, die alle zivilrechtliche Straftaten betraf, unabhängig vom Ammann geworden. Die Stadt bestimmte einen Richter und einen Frager. Diese berichteten in der gewöhnlichen, wöchentlichen Ratssitzung des Kleinen Rats „was heftig ist und was ruhig Einung ist." Die „Einunger" waren staatsanwaltlich tätig, sie sollten auch die Sache armer Leute und was der Stadt oder den

Bürgern Schäden verursachte, vor den Rat bringen. Jeder Rat konnte nur einmal Einunger sein.

1398 Die Stadt übt die Hohe Gerichtsbarkeit aus

Der Ammann wurde zum Amtsträger der Reichsstadt, er wurde Exekutivorgan der Stadtregierung.[120] König Wenzel I. verlieh 1398 dem Bürgermeister für zehn Jahre und danach bis auf Widerruf das Recht, dem Ammann, „den Bann, über das Blut zu richten", zu verleihen.[121] Damit war der einstige Reichsammann nur mehr vollziehender „Nachrichter" im städtischen Blutgericht. Die kriminalrechtlichen Straftaten wurden in den Ratssitzungen des Kleinen Rats verhandelt und abgeurteilt.

Stadtgerichtssiegel 1. Juni 1464.
S (= Sigillum) JUDICII IN DINCKELSPUHEL

Fünfergericht und Bauerngericht

Weitere städtische Gerichte entstanden im 15. Jh. zur gütlichen Beilegung nachbarlicher Streitigkeiten: Für die Stadteinwohner das Fünfergericht aus fünf Bürgern, und für die Landuntertanen das Bauerngericht als Vogteigericht der Eigentümer. Wer zuvor kein Gespräch mit dem Nachbarn geführt hatte, zahlte die Hälfte der Gerichtsgebühr.

Bauerngerichtssiegel 27. Mai 1483.
S (= Sigillum) + RUSTICI + IUDICIU +
CIUITATIS + DINCKELSBHL
Stadtwappen ohne Adler.

Der bürgerliche Gerichtsstand

1274 Das Gerichtsstandsprivileg

Der Ort einer Gerichtsverhandlung war für die Unabhängigkeit der Reichsstadt wesentlich und verbesserte die Lebensqualität der Bevölkerung. Schritt für Schritt konnte Dinkelsbühl seine Gerichtsfreiheit ausbauen.

Im allgemeinen reichsstädtischen Gerichtsstandsprivileg erteilte König Rudolf I. 1274 allen Reichsstädten das Recht, ihre Bürger in Zivil- und Strafsachen vor dem eigenen Gericht zu verhandeln, sie brauchten nicht vor einem Herrschaftsgericht zu erscheinen. Gegen einen Auswärtigen konnte ein Bürger allerdings nur bei dessen zuständigen Gericht klagen.[122] Die Zuständigkeit des eigenen Gerichts garantierte den Stadtbürgern und Landuntertanen ein unvoreingenommenes Urteil, was insbesondere bei Oettinger Gerichten fraglich war.

König Rudolf I. befahl 1278 eigens, die Freiheiten zu achten, die er allen „seinen und des Reichs Städten" diesbezüglich gegeben hatte.

1355 Erweiterung des bürgerlichen Gerichtsstandsprivilegs

Nach der Befreiung aus der Oettinger Herrschaft 1351 konnte die Reichsstadt alle ihre Bürger wieder vor das eigene Stadtgericht laden. Kaiser Karl IV. erneuerte und erweiterte das Gerichtsstandsprivileg 1355 in Nürnberg. Nun waren auch das oettingische Landgericht und das königliche Hofgericht als Gerichtsstände für Dinkelsbühler ausgeschlossen. Zuwiderhandlungen wurden mit 10 Mark Gold bestraft, die je zur Hälfte an die kaiserliche Kammer und an die Reichsstadt zu bezahlen waren[123] (1 Mark wog 238,6 Gramm Gold).

1373 Ergänzung des bürgerlichen Gerichtsstandsprivilegs

Kaiser Karl IV. wiederholte 1373 das Privileg, das der Stadt die alleinige zivile Gerichtshoheit zusicherte. Ergänzend mussten jetzt die Bürger auch bei Güterklagen mit Auswärtigen nur mehr vor dem Dinkelsbühler Gericht erscheinen. Wurde ein Dinkelsbühler vor ein anderes Gericht gezogen, betrug die Strafe für den Gerichtsherrn 20 Mark Gold – außer das Stadtgericht verweigerte oder verzögerte das Gerichtsverfahren.

1376 Dinkelsbühler Gerichtsfreiheit für Auswärtige

Drei Jahre später ergänzte der Kaiser Karl IV. 1376 das Gerichtsstandsprivileg mit der „Gerichtsstands Freiheit" für Fremde durch das Geleitsprivileg: Allen, die sich dem Stadtgericht stellten, gewährte der Kaiser „unser und des Reichs sicher Friede und Geleite" für die Dauer der Gerichtsverhandlung.

Auswärtige konnten jetzt ungehindert ihre Schuld- und Schadensangelegenheiten mit den Dinkelsbühler Bürgern in der Reichsstadt verhandeln.

1398 Auswärtige dürfen in Dinkelsbühl verklagt werden Der völlig freie Gerichtsstand für Dinkelsbühler wurde mit dem Privileg König Wenzel I. von 1398 erreicht. Klagen gegen Personen anderer Herrschaften werden vor dem Dinkelsbühler Ratsgericht verhandelt.

Der kommunale Gerichtsstand

1373 Das kommunale Gerichtsstandsprivileg

Kaiser Karl IV. ergänzte 1373 den Gerichtsstand der Reichsstadt Dinkelsbühl entscheidend um das kommunale Privileg. Bei Klagen gegen die Kommune sollte einzig das kaiserliche Hofgericht zuständig sein. Damit konnten die Hohenzollernburggrafen von Nürnberg und die Grafen von Oettingen die Reichsstadt nicht mehr vor ihre Gerichte ziehen.

1398 Vollständige Gerichtsfreiheit

Die gänzliche Gerichtsfreiheit erreichte die Reichsstadt durch Privilegien König Wenzels I. 1398. Kein Gericht, auch nicht das kaiserliche Reichshofgericht, durfte die Stadt laden. Alle Fürsten und Grafen wurden vor Missachtung gewarnt. Es war eine Strafe von 50 Mark lötigem Gold, rund 12 kg, vorgesehen.[124] König Ruprecht I. bestätigte 1401 ausdrücklich, dass die Stadt, ihre Bürger, das Spital und dessen Hintersassen vor kein fremdes Gericht, auch nicht vor das königliche Hofgericht, geladen werden dürfen.

1435 Reichsstädtisches Austragsgericht

Um bei einem Rechtsstreit unter Kommunen trotz Befreiung vom kaiserlichen Hofgericht ein unparteiisches Urteil zu gewährleisten, legte Kaiser Sigismund I. 1435 bei der Erneuerung der Gerichtsprivilegien fest, dass ein reichsstädtischer Gerichtshof für Dinkelsbühl zu bilden sei.

Widerstand von Oettingen, Hohenzollern, Ellwangen

Die Dinkelsbühler Gerichtsfreiheit begrenzte die Rechte anderer Herrschaften. Widerrechtlich hielten sich die Oettinger Grafen bei Kriminalverbrechen in ihrem Landgerichtsbezirk nicht daran. Gegen sie musste die Reichsstadt Dinkelsbühl ihre gerichtliche Zuständigkeit bis zum Ende der Reichsstadtherrschaft verteidigen. Auch die Hohenzollern mit ihren Städten Ansbach, Feuchtwangen und Wassertrüdingen, versuchten die Dinkelsbühler Rechte einzuschränken.

Doch das kaiserliche Hofgericht Rottweil hatte bereits 1390 alle Dinkelsbühler Freiheiten für rechtmäßig erklärt und urteilte 1391 ausdrücklich, dass Dinkelsbühl vom Gericht des Nürnberger Burggrafen befreit sei und dass Dinkelsbühler Untertanen weder in der Hohenzollern-Grafschaft sitzen noch dazugehören. Trotzdem traf man 1394 in Wassertrüdingen eine unberechtigte Vereinbarung. Der Hohenzollernburggraf Friedrich von Nürnberg als Vertreter seiner Onkeln, Graf Ludwig und Graf Friedrich von Oettingen, und der Ulmer Bürger Ott Rot als Vertreter Dinkelsbühls regelten bei todeswürdigen Verbrechen, Diebstahl, Notzucht, Mord, Brandstiftung und wenn Blut floss, folgendes: Alle Dinkelsbühler, die im Gebiet des Landgerichts Oettingen ergriffen wurden, sollten vom Landgericht abgeurteilt werden. Konnten sie in die Stadt entkommen, war das Ratsgericht zuständig.[125] Dieser Schiedsspruch wurde vier Jahre später durch König Wenzel I. aufgehoben. Und um den Landfrieden zu fördern, erhielt Dinkelsbühl 1398 das Recht, auf dem Land „alle schädlich Leut" zu fangen, die sie ergreifen konnten und wo keine geschworenen Halsgerichte waren. Dennoch wurden in einem Schiedsentscheid 1405 Strafen des Oettinger Landgerichts über Dinkelsbühler Untertanen festgesetzt.

Auch die Fürstpropstei Ellwangen erhob immer wieder Ansprüche auf Hochgerichtsbarkeit, Zoll-, Geleits- und Vogteirechte.

Der Fraischritt

Die Stadtmark mit der Landhege als Grenze war als Hochgerichtsbezirk spätestens 1429 mit einem Landgraben gesichert. Offiziell wurde der Grenzverlauf im Privileg Kaiser Friedrich III. 1476 beschrieben. Doch durch die erworbenen Dörfer Wilburgstetten mit Limburg und Wört beanspruchte die Stadt einen weitaus größeren Fraischbezirk. Demonstrativ wurde das städtische Hoheitsgebiet durch einen Umritt am Bartholomäus-Jahrmarkt im August bis 1791 kundgetan.[126] Allerdings anerkannten Oettingen und Hohenzollern bis zum Ende der Reichsstadtzeit die Dinkelsbühler Gerichtsbarkeit nur innerhalb der Stadtmauern.

Der Handel

Günstige Verkehrslage

Dinkelsbühls Verkehrsgunst an Wörnitzfurt und Wegekreuzung war entscheidend für die Ortsgründung und mittelalterliche Entwicklung. Die Romstraße von der Nordsee nach Italien über „Dinkepole" wird 1236 in Stade bei Hamburg Mönchen als Route empfohlen. Der isländische Richter Haukr bestätigt zwischen etwa 1323 und 1329 die Bedeutung dieser Fernstraße über „Deingilsby".

Die Route führte über Rothenburg nach Dinkelsbühl. Die Entfernung wird mit 5 Meilen angegeben,[127] *37,5 km.*

Erneut belegt wird die Bedeutung der Handelsstraße Mainz/Frankfurt-Dinkelsbühl-Augsburg 1360 mit einer Geleitsabsprache. Erzbischof Gerlach von Mainz, später Landvogt von Niederschwaben und damit auch Dinkelsbühls, der Bischof von Würzburg und die Grafen von Oettingen vereinbaren die Sicherheit auf der Straße, auf der „die Kaufleute, Wagenleute und Karrenleute und ander Leute fahren, Reiten und wandeln sollen". Dem Straßenzwang konnten sich die Kaufleute nicht entziehen, das Geleit bedeutete die Begleitung Reisender mit bewaffneten Knechten gegen Entgelt. Ein fragwürdiger Schutz vor Raubgesindel, den Geleitinhabern ging es um die Einnahmen an den Stationen.

Schädigung durch Oettinger Geleitszoll

Nachdem Dinkelsbühl sich 1351 aus der Pfandschaft der Grafen von Oettingen mit eigenem Geld ausgelöst hatte, versuchten diese, die Reichsstadt über das Zoll- und Geleitmonopol in die Knie zu zwingen. Ihr Ziel war ein geschlossenes Territorium zwischen Donauwörth und Feuchtwangen, und mit den Stationen konnte man den Handel beeinträchtigen, sodass die Kaufleute Dinkelsbühl mieden.[128]

Um diese Zeit *wird der Schutzbereich Oettingens folgendermaßen beschrieben: „So geht die Straß aber fürbasser von Werntz bis gen Feuchtwang, von Feuchtwang gen Dinkelsbühl, gen Nördlingen, gen Harburg und bis gen Schwäbisch Werde (Donauwörth), und dieselbe Straßen sollen wir, die vorgenannten von Oettingen, beschirmen und geleiten und sollen wir von jedem Pferd, das Last ziehet, zu Geleit nehmen zehen Schilling Haller (10 Schilling Heller = 120 Heller = ½ Pfund)." Im Übrigen will man verlangen, was „von Alter und mit Gewohnheit gegeben ist".[129] Die Reichszollstätte Aufkirchen war bereits seit der Verpfändung 1251 in ihrer Hand.*

1353 Widerrechtliche Zollstätten Oettingens

Ohne Reichsgenehmigung richtete Oettingen 1353 um Dinkelsbühl Zollstätten ein. Unter anderem verlegte man die Zollstation an der Straße von Würzburg über Dinkelsbühl nach Augsburg von Larrieden nach Mosbach an eine Wörnitzfurt.[130] Damit konnte Oettingen auch den nach Feuchtwangen abzweigenden Handelsweg erfassen und vom steigenden Wirtschaftsverkehr dorthin profitieren.

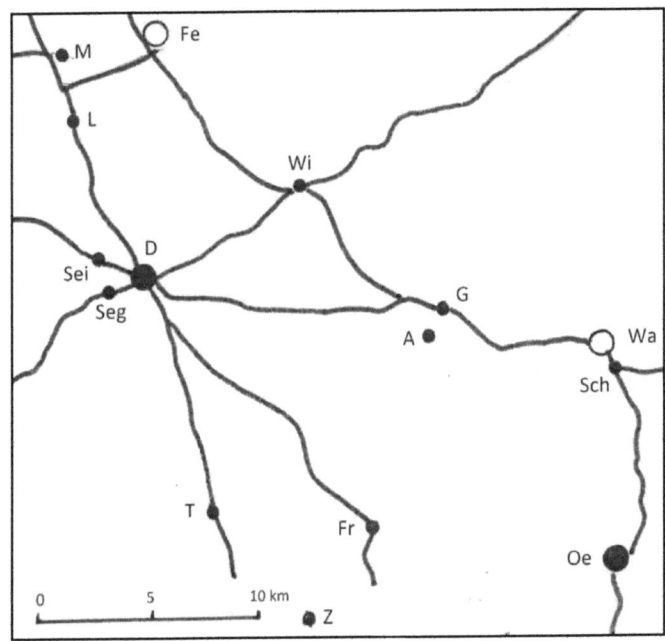

Oettinger Zollstationen
A Aufkirchen, D Dinkelsbühl, Fe Feuchtwangen, Fr Fremdingen, G Gerolfingen, L Larrieden, M Mosbach, Oe Oettingen, Sch Schobdach, Seg Segringen, Sei Seidelsdorf, T Tannhausen, Wa Wassertrüdingen, Wi Witzmannsmühle, Z Zipplingen.

Noch im selben Jahr schritt König Karl IV. ein. Er teilte am 2. Oktober 1353 Graf Albrecht von Oettingen mit, dass dieser die „wider Gott und Recht" errichteten Zollstätten sofort abzuschaffen habe oder aber er möge seine Rechte am Hof beweisen. Wenn er dem königlichen Befehl nicht nachkäme, sollen die Städte und die Glieder des Landfriedens diese Einrichtungen beseitigen.[131] Alle Herren und Städte des schwäbischen Landfriedens benachrichtigte er am 4. Dezember 1353: Er habe den Grafen Ludwig und Friedrich von Oettingen befohlen, die Zollstätten und Geleite aufzulösen, unter anderem in Mosbach an der Straße nach Rothenburg, in Seidelsdorf an der Straße nach Crailsheim / Schwäbisch Hall, in Fremdingen an der Straße nach Nördlingen, in Witzmannsmühle an der Straße nach Nürnberg und in Tannhausen an der Straße nach Ulm. In einer weiteren Urkunde desselben Tages wird unter anderem die angemaßte Station Gerolfingen an der Straße nach Wassertrüdingen hinzugefügt.[132] Bei Nichtbefolgung sollte man die Grafen von Oettingen bis zur Niederlegung angreifen und mit aller Macht schädigen. Oettingen war selbst Mitglied des Landfriedens.

1394 Oettingen sichert sich seine Zollstationen
Der Streit um die unrechtmäßigen Zollstellen, die die reichsstädtische Wirtschaft schädigte, zog sich hin. Erst 1394 regelte ein Schiedsgericht, dass Oettingen an denjenigen Stationen Zoll- und Geleitgeld erheben durfte, wo es dies seit zehn Jahren getan hatte. Die erlaubten Zollstätten waren Larrieden, Fremdingen und Zipplingen, Witzmannsmühle und Gerolfingen.[133] König Wenzel bestätigte dies 1398 mit dem Oettinger Freiheitsbrief.

1405 Zollerleichterung für Dinkelsbühl
Eine erneute Schlichtung zugunsten der Reichsstadt fand 1405 im Auftrag König Ruprechts I. statt: Dinkelsbühl zahlte an den von alters her üblichen Oettinger Stationen nur halbe Zoll- und Geleitgebühren. Ackerfrüchte und was Fußgänger tragen können war zollfrei, die Gebühr für Pferde wurde auf 10 Pfennig festgesetzt.

Die Messestadt

Die Märkte
Üblich war ein Markt vor der Kirche am Sonntag, auch am Samstag. Auf dem Sonntagsmarkt wurden Nahrungsmittel aus dem Umland und handwerkliche Produkte für den Bedarf der Landbevölkerung angeboten.

Der auswärtige Kaufmann musste die Waren in der Stadtwaage, die nahe beim Marktplatz beim Waaggässlein lag, nach Menge und Qualität verzollen. In der ältesten erhaltenen Stadtkammerrechnung von 1437 sind jeweils 2 bis 5 Pfund Zollgebühr an Wochenzoll und Nachzoll verzeichnet.[134]

Außerdem nahm die Stadt Standgeld ein. Es entrichteten 1437 folgende Gewerbe an Martini, 11. November, für ein halbes Jahr: Bäcker; Gewandschneider/Färber/Loderer; Kramer; Pfragner (Kleinkrämer); Häfner (Töpfer), Büttner (Holzgefäßhersteller); Schuster/Lederer; Metzger.[135]

Wochenmärkte und Jahrmärkte waren Regalien und wurden vom König als Rechte verliehen. In Dinkelsbühl gab es fünf eintägige Jahrmärkte, deren wirtschaftliche Bedeutung über die des Wochenmarkts hinausging.

Der Ursulamarkt war der ältesten Kirchenpatronin St. Ursula gewidmet, der „Kalte Markt", fand am Sonntag nach dem Namenstag (21. bis 24. Oktober) statt, erstmals genannt 1403[136]

Der sommerliche Bartholomäusmarkt fand am Sonntag vor dem Namenstag (22. bis 24. August) statt und war dem zweitältesten Kirchenpatron gewidmet, erstmals genannt 1335.

Der Georgimarkt war am Sonntag nach dem Namenstag (damals im Bistum Augsburg am 24. April) des Hauptpatrons der Pfarrkirche St. Georg, die um 1341 fertig gebaut war.

Außerdem sind 1335 die „sant Walpurg messe" (1. Mai) genannt und die „sant jacobs messe" am Sonntag nach Jakobi (25. Juli).[137] Die Hospitalkirchweih war an Jakobi. Sie endeten bald nach Einführung der Handelsmesse 1360.

Die Jahrmärkte waren Treffpunkte für Handels- und Geldgeschäfte und Termine zum Begleichen von Schulden.[138] Zum Marktschutz wurden sechs oder sieben Knechte und Extrawachen für Tag und Nacht eingestellt, was die Stadt 1437 pro Jahrmarkt 6 Pfund 10 Schillinge kostete (130 Schilling, der Schilling zu 3 Hellern).[139] Es war der freie Handel mit Waren gestattet, wofür Zölle und Standgeld erhoben wurden.

1360 Das Messeprivileg

Ein wichtiges, aber für Dinkelsbühl wenig erfolgreiches Privileg gab Kaiser Karl IV. der Reichsstadt 1360. Mit dem Messeprivileg gelang es Dinkelsbühl, die näheren Marktorte Feuchtwangen und Aufkirchen zu überbieten und in den regionalen Handel vorzustoßen. Der Kaiser gewährte dem Stadtammann Ulrich von Höchstetten und der Stadt gemeinsam das Privileg einer Handelsmesse, weil „unser Schenk und Hofgesinde Ammann, die Bürgermeister, der Rat und die Bürger gemeinlich der Stadt zu Dinkelsbühl oft getreulich und nutzlich getan haben".[140]

Die 8-tägige Handelsmesse begann 12 Tage vor Pfingsten. Den Händlern war der kaiserliche Schutz für die An- und Abfahrt vier Tage davor und danach garantiert. Der Kaiser gebot urkundlich allen Fürsten, Beamten und Untertanen bei einer Strafe von 20 Mark „lötigem Gold" diese Rechte zu fördern, wenn die Bürger darum bäten. Der Markt sollte „alle die Gnad und Freiheiten haben, die zu solchen Jahrmärkten ander Städt des heiligen Reichs haben."

Wegen der hier kreuzenden Fernstraßen hätte die Pfingstmesse überregionale Marktbedeutung erlangen können. Doch ungünstiger Weise begann die Messe der wirtschaftsstarken Reichsstadt Nördlingen am Samstag nach Pfingsten.

Die seit 1219 bezeugte Nördlinger Messe war die bedeutendste Messe des süddeutschen Raums, sie war der wichtigste Rohstoffmarkt der heimischen Handwerkerschaft.[141]

Nur sechs Jahre nach Einführung der Dinkelsbühler Messe verlegte sie Kaiser Karl IV. wegen „unser Bürger zu Dinkelsbühl fleißig Bet willen"[142] 1366 auf den Tag nach St. Gallus. Damit legte die Stadt ihre Messe mit dem Ursulamarkt (21. bis 24. Oktober) zusammen. Die oft nasskalte Witterung mit entsprechend schlechten Wegeverhältnissen brachte jedoch keine Verbesserung. Die Messe kam über die Anziehungskraft eines größeren Jahrmarkts nicht hinaus.[143]

Die Wirtschaft

Grundpfeiler der mittelalterlichen Erwerbswirtschaft Dinkelsbühls war das Handwerk, das nach dem Fasnachtsaufstand 1387 in Zünften organisiert war. Vor allem das umfassende Textilgewerbe, das Schmiedehandwerk, die Teichwirtschaft und der Schmalzvertrieb trugen überregional zur Wirtschaftskraft bei. Mit dem territorialen Streubesitz im Umkreis von ca. 15 km hatte der Stadtstaat als Basis einen weiten Wirtschaftskreis. Nicht zu vergessen sind die Geld- und Naturalabgaben der Bauernschaft.

Das Textilgewerbe

Von größter wirtschaftlicher Bedeutung war die Textilherstellung mit all ihren Verzweigungen. Dieses Gewerbe war Impulsgeber des Wirtschaftswachstums seit dem 14. Jh. und kennzeichnete die Handwerker- und Handelsstadt Dinkelsbühl.[144]

Die Wolle

König Ludwig IV. der Baier gab am 6. Juli 1323 den „lieben getrewen purgern zu Dinckelspuhel die gnad", dass „was si von grawen tücher zu Dinckelspuhel machen, das mit irer Stat rechten mass gemessen wirt, dass man das anderswo über ir mass nicht messen sol, wohin sie es füren".[145] Damit war das Dinkelsbühler Maß das Mindestmaß und bedeutete eine Preisgarantie des Dinkelsbühler Grautuchs auf allen Märkten. Die Dinkelsbühler Elle war ca. 62 cm lang.

Neben dem Grautuch aus Schafwolle wurden auch die stärkeren weißen, grauen und schwarzen Loden sowie gefärbte Tuche hergestellt.

Städtische Qualitätskontrollen brachten gegenüber ländlichen Produzenten Vorteile und wirtschaftlichen Aufschwung. Von der Zunft gewählte Beschauer überwachten die Qualität der Ware und versahen sie mit Beschausiegeln als Gütezeichen. Mit

„der Stadt Zeichen" werden erstmals 1399 graue und schwarze Loden genannt.[146] „Geschworene Schauer" sind 1407 erwähnt.[147]

Auf der Frankfurter Messe sind die Dinkelsbühler Tuchhändler schon 1399 belegt, auf der Nördlinger Messe waren sie im 15. Jh. mit bis zu 75 Ständen vertreten.[148] Die Produktion nahm zu, im Tuchgewerbe stieg die Zahl der Meister bis zum Mittelalterende auf etwa 120, Gesellen und Lehrlinge kamen dazu. Ein Drittel bis zur Hälfte der Einwohner lebte von der Wolle, deren Verarbeitung von der Schafhaltung über das Spinnen, Weben, Walken, Karden und Tuchscheren bis zum Färben und dem Verkauf reichte. Der kaiserliche Berater und Fürstbischof Sebastian Sprenz entstammte einer Färberfamilie.

Dagegen war die lokale Leinenweberei unbedeutend.

Der Barchent

Nachteilig für die Lodenweberei wirkte sich der Import der Rohbaumwolle über Ulm aus. Allerdings konnte der Barchent, ein Baumwollflanell, nur für zwei Generationen bedeutendes Ausfuhrprodukt werden. Denn die Barchentweberei fasste in Dinkelsbühl spät Fuß. Die Stadt stellte erst 1425 einen Bleichmeister ein, die Bleichwiese vor dem Spital wurde mit einem Bleichhaus eingerichtet.

In der ältesten erhaltenen Kammerrechnung von 1437 sind die Einnahmen der Barchentschau verzeichnet. Damals arbeiteten mehr als 40 Barchentweber in der Stadt.[149] Die Barchentverleger, wohlhabende Bürger wie die Berlin, Döner, Dürr, Harrer oder auswärtige Kaufleute, streckten den Webern den Rohstoff oder das Geld zum Kauf vor und verrechneten es mit der übernommenen Fertigware.

Das Schmiedehandwerk

Das Schmiedeviertel wurde wohl anfangs der Reichsstadtzeit außerhalb des staufischen Mauerrings im Rothenburger Stadtviertel planmäßig angelegt. Von den vier Parallelgassen haben sich mit Namen die Obere und die Untere Schmiedgasse erhalten.

Das Schmiedehandwerk war das zweitwichtigste Dinkelsbühler Ausfuhrgewerbe. Erstmals genannt sind die Sensen- und Sichelschmiede 1412 im Schuld- und Verpfändungsbuch,[150] 1437 waren mehr als 40 eisenverarbeitende Handwerker ansässig, 1469 alleine 11 Sensenschmiede. Am Ende des Mittelalters waren die Dinkelsbühler Schmiede die Hauptlieferanten auf der Nördlinger Messe, wo es einen eigenen Sichelstadel gab und man auch das Rohmaterial kaufen konnte. Daneben waren Messer-, Nagel- und Hufschmiede tätig.

Die Blütezeit zeigt sich im Steuerbuch 1580, es wurden 37 350 Sicheln, mehrere Tausend Leichtsicheln und fast 12 000 Sensen hergestellt. Sie endete mit dem 30-jährigen Krieg 1618-1648, der den Rohstoffhandel unterbrach.[151]

Die Teichwirtschaft

Im Nahhandel war die Teichwirtschaft von Bedeutung, die sämtliche Nachbarstädte übertraf. Der Fischhandel wird erstmals 1401 genannt.[152] Man vertrieb Speise- und Zuchtfische. Die Dinkelsbühler Karpfen, Orfen und Hechte pflegte man Herrschaften bis hinauf zum Kaiser als Gastgeschenk zu überreichen. Die intensive Fischereiwirtschaft lag in Händen einiger wohlhabender Bürger, vor allem aber der Stadt, des Spitals und des Deutschordens.

Bewundernd schrieb Sebastian Münster in seiner Cosmographia 1550, die Stadt habe „so viel Weyer als tag im jahr seynd". Die Blütezeit der Teichwirtschaft endete schlagartig mit den Landverwüstungen des Dreißigjährigen Kriegs 1618-1648.

Der Fetthandel

Das Handelsgewerbe der Auf- und Verkäufer von Schweineschmalz und Butter für fremde Märkte lässt sich erstmals 1399 im Schuldbuch nachweisen.[153] Die Kaufmannsware ging vor allem zu den Messen nach Frankfurt und Nördlingen.

Die Finanzhoheit

Die Reichsstadt musste Reichssteuern und Sondersteuern an die kaiserliche Kammer abführen sowie sich an Kriegszügen beteiligen. Um zusätzlich die kommunalen Aufgaben erfüllen zu können, insbesondere die Stadt zu befestigen, wurden Besitzsteuer, Nachsteuer, Herdsteuer, Judensteuer, Ungeld und Zoll erhoben.

Die Reichssteuer

Meist wurden die Abgaben an die Reichskammer pauschal und unabhängig von der Einwohnerzahl abgeführt. Aufgrund der Gnade König Ludwigs IV. 1324, wurde die Reichssteuer Dinkelsbühls zehn Jahre lang nicht erhöht. In jenem Jahr zahlte Dinkelsbühl 150 Pfund Heller (zu je 240 Stück). Die wirtschaftliche Bedeutung der Stadt und ihre Finanzkraft wird im Vergleich ersichtlich: Feuchtwangen bezahlte 100 Pfund, Nördlingen 200 Pfund, zwölf Jahre danach sogar 300 Pfund.[154]
Als Dinkelsbühl von Ludwig IV. um 1341 an Oettingen verpfändet wurde, zahlte die Stadt an die Grafen ab 1346 zusätzlich zur Reichssteuer eine jährlich Sondersteuer von 100 Pfund.[155]
Zum Wertvergleich: Ein Garten jenseits der Wörnitzbrücke wurde 1344 für 5 Pfund Heller verkauft, ein Acker an der Hausertsmühle 1345 für 15 Pfund, ein Hof in Reichenbach 1350 für 73 Pfund.
Als sich Dinkelsbühl 1351 selbst aus der oettingischen Pfandschaft mit 7 200 Pfund Heller auslöste, gewährte König Karl IV. eine sechsjährige Befreiung von allen Reichsabgaben. Er gebot

insbesondere den Landvögten in Schwaben dies zu beachten, weil sie die Steuern einzogen und dafür aus der Stadtkasse entlohnt wurden.

Sonderzahlungen

Der städtische Wohlstand wird 1365 ersichtlich, als 21 schwäbische Reichsstädte Kaiser Karl IV. die erhebliche Summe von 12 152 Gulden verehrten. Sie wollten ihn mit dieser Sondersteuer günstig stimmen.[156]

Große Sonderzahlungen forderte Kaiser Karl IV. 1373 von den schwäbischen Reichsstädten. Als Vorwand diente ihm vermutlich die Verweigerung, Truppen zum Reichsfeldzug zu schicken.[157] Dinkelsbühl, Nördlingen, Bopfingen mit zehn weiteren Städten sollten 70 000 Gulden geben.[158] Kaiser Karl IV. benötigte das Geld zur Eroberung der Mark Brandenburg und für den Ausbau seiner Hausmacht. Insgesamt wurde die gigantische Summe von 200 000 Gulden zwangsweise eingezogen. In Briefen befahl der Kaiser zu Pfingsten unterschiedlich hohe Beträge zu bezahlen,[159] Dinkelsbühl wurde aufgefordert, der Stadt Nürnberg 2 000 Gulden zu übergeben.[160]

Die Sonderzahlung bewirkte einen stärkeren Widerstand der schwäbischen Städte, was 1376 zur Gründung des Städtebunds führte und sich Mitglieder weigerten, dem 15-jährigen Kaisersohn Wenzel als deutschen König zu huldigen.

Eine besondere Zahlung erfolgte 1385 bei König Wenzels erster Judenschuldentilgung.

Die Stadtsteuer

Vermögenssteuer

Wer Bürger werden wollte, musste einen gewissen Besitz nachweisen, zwei städtische Bürgen haben und Einbürgerungsgeld bezahlen. Die Bürger schätzten ihren Vermögen selbst ein und beschworen die Richtigkeit des zu zahlenden Betrags mit einem Steuereid.

Die Vermögenssteuer wurde 1456 von 905 Steuerpflichtigen halbjährlich mit 1 % eingezogen.

Um die Steuerehrlichkeit zu fördern, gab Kaiser Karl IV. 1373 der Stadt die Handhabe, bei Steuerhinterziehung durchzugreifen. Die Geldbuße wurde durch Mehrheitsbeschluss im Rat der Altgeschlechter festgesetzt, keiner sollte dem Schuldigen beistehen.

Für ein kleineres Haus vor dem staufischen Stadttor beim Spital wurde 1377 eine jährliche Stadtsteuer von 1 Pfund Heller gegeben. Das entsprach etwa einem halben Gulden oder zwei Schafen.

Nachsteuer

Zog ein Bürger aus der Stadt oder wurde der Besitz vererbt, wurde eine Nachsteuer fällig, die im 15. Jh. 10 % betrug.

Herdstättengeld

Eine Herdstatt war eine Hausgerechtigkeit. Für die Nutzung einer Feuerstelle in einem Gebäude waren 1468 wahrscheinlich 1 Pfund Heller fällig. Damals gab es rund 850 Herdstätten.

Ungeld

Ein erster Schritt zur reichsstädtischen Finanzhoheit war das Ungeldprivileg. Mit dem Recht, Ungeld auf Getränke zu erheben, wurde das Steueramt des Reichsammanns beschnitten. Das erste Ungeldprivileg dürfte König Albrecht I. von Habsburg als Belohnung für die selbst gezahlte Pfandauslösung um 1302 gewährt haben. Denn König Heinrich VII. von Luxemburg gewährte der Stadt 1309 weiterhin ein Ungeld zu erheben und wie bisher zur Stadtbefestigung zu verwenden ut ungeltum percipiant in fortificationem prefati oppidi convertendum.[161]

Das Ungeld war eine starke Finanzquelle. Sie machte im Durchschnitt 20 % der geschworenen Stadtsteuer aus, wie den Steuerlisten im 15. Jh. zu entnehmen ist.[162] Die Getränkesteuer auf Wein, später auch auf Bier und Met wurde im Ungeldprivileg von 1372 auf vier Maß von jedem Eimer festgelegt.[163] Der Weinhändler oder Brauer beschwor seine Wein- oder Sudmenge und legte damit das zu zahlende Ungeld selbst fest.[164]

Um 1545 entsprach eine Maß 1,229 Liter,[165] was eine etwa 6,5-prozentige Steuer bedeutete.

Alle mittelalterlichen Herrscher bestätigten das Ungeld, von dem ein Teil in ihre Finanzkammer floss. So bestätigte Kaiser Friedrich III. 1458 die Bezahlung von 300 Gulden Ungeld.

Stadtzoll

Kaiser Ludwig IV. förderte den Handel seiner Städte untereinander, indem er den Reichsstädten und Freien Städte, die sich von ihren Landesherrn befreit und in den Schutz des Reichs gestellt hatten, Vorteile verschaffte. Er stellte 1335 in Nürnberg eine Urkunde aus, die allen Bürgern von Reichsstädten und Freien Städten erlaubte, ihr Eigengut und Kaufmannsgut zollfrei durch diese Städte zu fahren.[166] Damit entfiel für sie der Tor-, Brücken- und Pflasterzoll, was die Unkosten verringerte und den Warenverkehr förderte.

Als die Stadt 1360 das Privileg einer Handelsmesse erhielt, sollte sie zunächst ihr altgewohntes Zollrecht beibehalten. Doch 1373 erhielt sie das Recht, für die nächsten zehn Jahre einen Zoll „nach ihrer Notdurft" zu erheben.[167] Die Stadt konnte selbst die Höhe der Zollgebühr bestimmen. Allerdings behielt sich der Kaiser bei unredlicher Handhabung den Widerruf vor.

Die Zolleinnahme für durchgeführte Kaufmannsware betrug 1476 etwa 135 Gulden, der Zoll für auf dem Markt angebotene Waren etwa 70 Gulden.

Die Stadtwehr

Die Wehrhoheit

In der Stauferstadt lag die Wehrhoheit bis 1251 beim königlichen Ammann. Nach Beginn der Reichsstadtzeit 1274 dauerte es eine Generation, bis man die Stadtbefestigung verstärken konnte: Die Stadt bekam 1305 die Ulmer Verfassung.

Als Gegenleistung für den Bürgerschutz beinhaltete das Bürgerrecht die geschworene Dienstpflicht mit der Waffe, den Wachdienst und Leistungen beim Befestigungsbau. Im Verteidigungsfall waren nach der Viertelsordnung von 1473 die Mauerabschnitte und Türme nach Stadtvierteln mit einer genauen Anzahl von Bürgern besetzt.[168] Eine Liste mit Geschützen und Munition auf den Türmen ist 1461 erhalten.[169]

Für die innerstädtische Sicherheit war ein „Stadtknecht" als Vertreter der Obrigkeit zuständig, 4 „Torhüter" und 1 Türmer auf dem einstigen Äußeren Rothenburger Tor am Loderweg/Bleichweg, 4 Wächter auf Streife, 10 „Umgeher" auf der Stadtmauer, 2 Türmer auf dem Georgskirchturm, weitere Wächter standen unten (Die Wächterstuben auf dem Turm wurden erst um 1550 gebaut).

Außerdem gab es einen Stadthauptmann mit „Soldnern", die wahrscheinlich in den so benannten Landsknechtswohnungen am Oberen Mauerweg ihre Unterkunft hatten. Diese Stadtsoldaten wurden je nach Bedarf jährlich bestallt, 1437 werden vier besoldet, 1456 waren es 18, 1476 acht.[170]

Für die Sicherheit im territorialen Streubesitz sorgte der Bauernvogt, der „Landknecht" und streifende Stadtreiter, im Kriegsfall die Landarmee der Bauern.

Die Finanzierung

Die junge Reichsstadt besserte die knappen Geldmittel 1306 mit dem Verkauf eines kleinen Feldes, genannt „Burgbuhelin", auf. Die Einnahme war für den Mauerbau bestimmt (in structuram murorum). Ebenso verkaufte man 1325 eine Wörnitzwiese gegen den „Burgbühl" an der Bechhofener Straße für den Bau der Stadtmauer (an der mure umb unser statt).[171]

Eine Dauerfinanzierung gab Kaiser Karl IV. 1372 mit dem Ungeldprivileg, dem Recht, eine Getränkesteuer bis auf Widerruf einzuheben und es zweckgebunden für den Befestigungsbau zu verwenden. Es wurde 1376 auf zehn Jahre verlängert. Auch sein Sohn, König Wenzel I., erlaubte 1385, das Ungeld für weitere zehn Jahre einzuheben und verlängerte 1398 diese Einnahme für zwölf Jahre, danach sollte sie bis auf Widerruf gelten. Sein Nachfolger, König Ruprecht I., bestätigte die Erlaubnis 1401, Kaiser Sigismund I. mehrmals, zuletzt 1435 für 16 Jahre. Der letzte mittelalterliche Kaiser, Friedrich III., verlängert es 1449.

1314-1322 Der Äußere Graben rechts der Wörnitz

Schon König Rudolf I. hatte 1274 auf dem Großen Reichstag in Nürnberg bestimmt, dass in keiner Reichsstadt Pfahlbürger sein sollen, die außerhalb der Stadtmauern wohnen. Im Landfrieden von 1281 wurde dann beschlossen, dass Bürger ihren Wohnsitz in der Stadt haben müssen. Mit dem Hinausschieben des Stadtgrabens konnte man die Bewohner der Vorstädte einbürgern. Ein anderer Grund für die Erweiterung mit einem Äußeren Graben war, die Vorstädter im Doppelkönigtum 1314-1322 gegen die feindlich gesinnten Anhänger König Friedrich des Schönen zu schützen.

Für den Verlauf der neuen Stadtbefestigung nutzte man die landschaftlichen Gegebenheiten. Vom Höhenrand führte der 2200 m lange Äußere Graben hinunter zur Wörnitz, die eine 800 m lange Flussgrenze bildete. Allerdings bot der Graben nur einen schwachen Schutz, weshalb der staufische Stadtbering Instand gehalten werden musste.

1344 Wörnitzbrücke und Stadtgrabenbrücke

Beim Verkauf eines Gartens am jenseitigen Wörnitzufer wird 1344 erstmals die Wörnitzbrücke als „lange Brücke" genannt. Folge dessen gab es bereits eine kürzere Brücke über den Stadtgraben vor dem heutigen Wörnitztor. Die Holzbrücken standen auf Pfählen.[172]

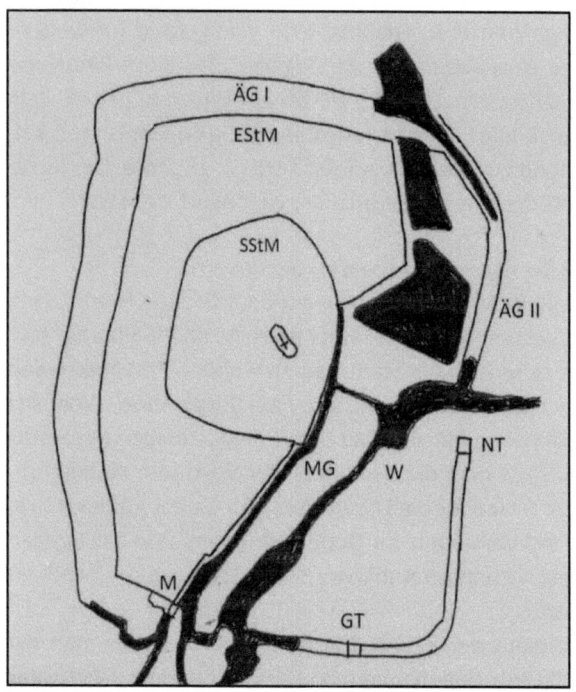

SStM Staufische Stadtmauer, EStM Erweiterte Stadtmauer, ÄG I Äußerer Graben rechts der Wörnitz, ÄG II Äußerer Graben links der Wörnitz, NT Nürnberger Törlein, GT Gigertor, MG Mühlgraben, W Wörnitz, M Stadtmühle.

Nach 1360 Der Äußere Graben links der Wörnitz

Nachdem die Reichsstadt 1360 Messestadt geworden war, ergänzte man links der Wörnitz der „stette uzzern graben", wie er urkundlich 1378 genannt ist. Die jetzt rechteckige Gesamtfläche innerhalb des Äußeren Stadtgrabens umfasste etwa 70 Hektar und war 6-mal so groß wie die Stauferstadt. Doch die jetzt auf 3 150 Meter angewachsene Verteidigungslinie erwies sich für die rund 4 000 Einwohner mit 600 wehrfähigen Bürgern als zu lang.

Am Äußeren Graben links der Wörnitz wurde lediglich nach 1425 die wirtschaftsrelevante Bleichanlage zwischen Rothenburger Weiher und der Wörnitz mit Türmen bewehrt. Während hier der Äußere Graben mit Mauerfutter erhalten ist, besteht am Abschnitt zwischen Luitpoldstraße und Mühlgraben nur ein flacher Grabenrest.

Zugang in die Stadt hatte man am Äußeren Graben an zwei Zollstationen, am Nürnberger Törlein in der Feuchtwanger Straße und in der Luitpoldstraße am Gigertor, erstmals 1378 erwähnt.[173]

1378 Die Mühlstattgnade Kaiser Karls IV.

Wenige Wochen vor seinem Tod gab Kaiser Karl IV. 1378 den Bürgern das Mühlenprivileg, „dass sie zwei Mühlstätte rucken, bauen und setzen mögen, als sie das nach ihrer Stadt Nutze allerbest dünken wird, wo sie wollen, doch allwegen allen anderen Leuten unschädlich."[174]

Er erlaubte, zwei Stadtmühlen zu verlegen und neu zu bauen.[175] Die bisherige Mühle lag als Wassermühle vermutlich an der staufischen Stadtmauer beim Dreigangsturm. Im Zug des erweiterten „Äußeren Grabens" um 1360 war die Wörnitz zur Sicherung der Talseite aufgestaut worden. Parallel zum Fluss wurde ein Mühlgraben gezogen, an dem nun die neue Stadtmühle gebaut wurde.

Für das Mühlrad musste der Mühlgraben aufgestaut werden. Am Altrathausplatz wurde beim Wörnitztor die alte Straße 1 m tiefer mit Rundhölzern und Scherben der Zeit nach Mitte des 14. Jh. gefunden.[176]

Die Stadtmühle Fortifikatorisch ist die Dinkelsbühler Stadtmühle als Wehrmühle mit integriertem Stadtmauer-Wehrgang einzigartig. Als Teil der Stadtbefestigung war sie eine Eckbastei. Beim Bau der Stadtbefestigung um 1400 wurde die Stadtmauer an den Mühlenbau gestoßen und der Wehrgang hinter der Mühle vorbeigeführt. Als man den Mühlgraben dann 1490 mit einer Radstatt überbaute, lief der Wehrgang über die Radstatt und an Feindseite des Mühlhauses entlang.

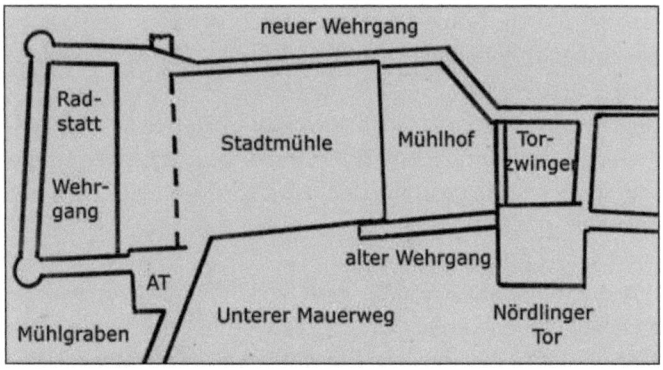

Wehrganggeschoss (2. Obergeschoss) nach 1600. Von der Stadtseite gesehen, Feindseite oben. AT = Mauerturm Am Türlein. Der Wehrgang über den Mauern am Mühlhof und über den Torzwinger zur Stadtmauer wurde samt Mauern abgerissen.

Die Rossmühle Die zweite Mühle der Mühlstattgnade bezieht sich auf eine Rossmühle, die vermutlich in der Rossbrunnengasse war. Rossmühlen waren bei zu wenig Wasser im Mühlgraben und bei einer Zerstörung des Stausystems durch den Feind notwendig.
Eine Rossmühle wird urkundlich erstmals 1433 genannt. Die „neue" Rossmühle wird 1448 am Dönersberg erwähnt, 1480 eine alte Rossmühle.

84

Der Einsatz von Feuerwaffen brachte bei neuen Verteidigungs-anlagen einen entsprechenden baulichen Aufwand mit sich. Ein Stadtmauerneubau am weit gefassten Äußeren Graben über-forderte die Kräfte. Stattdessen nutzte man bei der Erweite-rung der Stadtbefestigung nach 1372 an der Wörnitzseite die Staufermauer. Man verlängerte sie in diagonaler Linie und zog die neue Stadtmauer am Stadtmühlgraben entlang. Sie war 2 350 Meter lang und umfasste 33 Hektar, die dreifache Grund-fläche der Stauferstadt. Der Wehrgang wurde Mitte 15. Jh. überdacht.

Im Dreißigjährigen Krieg 1618-1648 hatte die Reichsstadt mehr als 58 Wehrbauten: An der Mauer 23 Stadtmauertürme, dazwi-schen auf Lücke gesetzt 18 Zwingertürme sowie 4 halbrunde Basteien, dazu kamen die heutigen vier Inneren Tortürme mit Turmzwingern, denen Bastionen mit den Äußeren Tortürmen vorgelagert waren. Am Äußeren Graben links der Wörnitz wa-ren noch das Nürnberger Törlein und das Gigertörlein.[177]

Kirchenwesen
Kirchen, Kapellen, Klausen

Das Patronat

Die Filiale Dinkelsbühl der Urkirche Segringen war in der Stau-ferzeit ein selbstständiger Pfarrsprengel geworden, wohl mit dem Bau der Pfarrkirche St. Ursula 1142/46. Die Filialpfarrei ge-hörte wie Segringen dem Kloster Hirsau an und zunächst zur Di-özese Speyer. Doch 1223 ging das Benediktinerkloster Mönchs-roth an das Bistum Augsburg über. Als das Benediktinerkloster Hirsau die Segringer Kirche 1238 an sein Tochterkloster Mönchsroth schenkte, kam auch deren Filialkirche Dinkelsbühl an Mönchsroth und war seitdem dem Bistum Augsburg zugehörig. Nach einer Unterbrechung kam der Segringer Kirchensatz 1343 wieder in Klosterbesitz.[178] In Dinkelsbühl wird danach stets als Patronatsherr und Besitzer bei den Kaplaneistiftungen von St. Leonhard am Friedhof in der Mönchsrother Straße, St. Veit auf dem Kirchhöflein und der Dreikönigskapelle beim Segringer Tor das Kloster Mönchsroth genannt. Dagegen blieb das Patronatsrecht über die Dinkelsbühler Kirchen, das Recht den Pfarrer zu benennen und einzusetzen, bis 1460 beim Benediktinerkloster Hirsau, erst danach lag es beim Tochterkloster Mönchsroth.[179]

Das Klosterpatronat endete in Dinkelsbühl, als die evangelisch gewordene Reichsstadt 1532 dem in Not geratenen Kloster Mönchsroth alle Rechte samt Kirchenzehnten abkaufte.

Die Stadtpfarrkirche

Am Ende des Mittelalters gab es in der Stadt 19 katholische Geistliche, weshalb es zwei Pfaffengassen bei der Pfarrkirche gab, die umbenannten Vordere und Hintere Priestergassen.

Die vier Kirchenpatrone der Pfarrkirche sind in den Gewölbe-Schlusssteinen vom Portal beginnend aufgereiht: St. Vitus im Kessel, Ritter St. Georg, St. Bartholomäus mit dem Messer, St. Ursula mit dem Pfeil; danach folgen Maria, Gottvater, Christus, der Heilige Geist und das Stadtwappen. Im Jahr 1497 wurde der Hochaltar Maria, Bartholomäus, den 11 000 Jungfrauen, also Ursula, und Georg geweiht. St. Ursula, St. Bartholomäus und St. Georg sind Jahrmärkte gewidmet.

nach 1302 St. Bartholomäus

Die staufische Filialkirche St. Ursula wurde in der Reichsstadtzeit wohl nach 1302 vergrößert.[180] Sie war jetzt vermutlich St. Bartholomäus geweiht, dem wie der ältesten Kirchenpatronin St. Ursula ein Jahrmarkt gewidmet ist. Erstmals genannt ist der Bartholomäus Markt 1335 als Termin für eine Gültzahlung.

Die Kirche hatte eine Gesamtlänge von rund 49 m, das Schiff war etwa 11 m breit und 27 m lang, der Chorraum für die Geistlichkeit maß etwa 10 m mal 11 m.[181] Gleichzeitig wurde der romanische Turm der St. Ursulakirche mit zwei Geschossen aufgestockt.

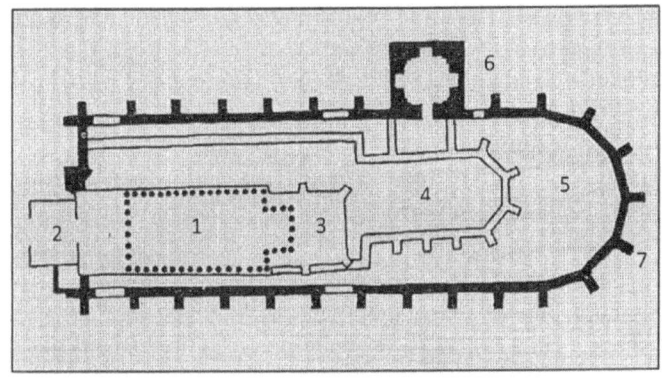

1 und 2 St. Ursula, 3 St. Bartholomäus, 4 St. Georg, 5 Münster St. Georg, 6 Nordturm/Sakristei, 7 Bauinschrift, Doppel-Ostsonnenuhr.

1323-1341 St. Georg

Die städtische Einwohnerzahl war auf 1500 bis 2000 angestiegen, die Kirche musste nochmals vergrößert werden. Dies geschah vor der erneuten Stadtverpfändung an Oettingen um 1341. Hauptpatron war jetzt St. Georg, bereits 1421 werden die „sant Jorgen pfarr" und der „sant Jorgen kirchhoff" genannt. Am Georgimarkt 1425 gibt es einen Schuldtermin.

Der Kirchenraum war etwa 62 m lang und bot fast dreimal mehr Gläubigen Platz.[182]

Der Baubeginn dieser Vorgängerkirche muss wenigstens zwei Generationen vor 1400 fertig gewesen sein. Damals wird der Pfarrkirche „an iren bawe" Ewiggeld vermacht. Sie wurde repariert oder es war ein Neubau geplant.

Erweiterung des Friedhofs

Um den größeren Kirchenbau St. Georg wurde eine neue Friedhofsmauer errichtet. Zentraler Platz der Altstadt war um 1360
der Weinmarkt.

*Die Friedhofsmauer verlief etwa 15-20 m vor dem romanischen
Portal und auf der Nordseite parallel zur Kirche unter den Häusern Weinmarkt 2 und Kirchhöflein 1 und 2. Auf der Südseite zog
sie am Christoph-von-Schmid-Denkmal vorbei und verlief am Ledermarkt unter den Häusern. Im Haus Ledermarkt 2 wurden im
Keller die Fundamente der Friedhofsmauer aufgefunden. Die 55
cm breite Mauer war etwa 14 m von der Kirche entfernt.[183]*

1393 Ketzerprozess gegen die Waldenser

Die Waldenser wandten sich gegen die Missbräuche der Amts-
kirche und die Heiligenverehrung. Sie lebten in Armut und ver-
breiteten das Bibelwort unter freiem Himmel. Im Taubertal
spürte man vier Ehepaare und zwei Frauen auf, die aus Franken
und Österreich stammten.

Die Tribüne für den Schauprozess am 12. November 1393 wurde
an der Friedhofsmauer errichtet, sicherlich am Platz der heutigen Häuser Ledermarkt 1 und 2, gegenüber vom damaligen Rathaus am Eingang zur Nördlinger Straße.

*Das Glaubensgericht unter Vorsitz von Magister Angermayr be-
stand u.a. aus neun geistlichen Beisitzern, darunter Prior Frater
Konrad des Karmeliterklosters und Dekan Stadtpfarrer Gerung,
sowie aus sechs weltlichen Zeugen: Dem patrizierischen Bürgermeister Götz Döner, dem zünftigen Bürgermeister Konrad Gerung, den patrizierischen Ratsherren Prell und Berlin und den
zünftigen Ratsherren Scherling und Knorr.*

Laut Protokoll bereuten sämtliche Angeklagten ihre Zugehörigkeit zur Waldensersekte und kehrten in den Schoß der römischen Kirche zurück. Möglicherweise wurden zwei Abtrünnige
rückfällig, ein Chronist berichtet, dass zwei Waldenser auf den
Scheiterhaufen steigen und brennen mussten.[184]

1448-1499 Münsterbau St. Georg

Jerusalempilger, die 1419 eine Prozession mit dem heiligen Sakrament um die Kirche machten, berichteten von keiner Baustelle. [185] Es erfolgte aber ein zweiter Bauversuch, 1421 *ist von „künftiger pawe"* die Rede. Für das heutige Münster wurde laut Bauinschriften am 5. März 1448 „der erst stain gelegt" und am 24. September 1499 „dr letz stain gesetz". Geweiht wurde der Neubau bereits vor seiner Fertigstellung, am 17. Oktober 1488. Vater und Sohn Nikolaus Eseler schufen in fünf Jahrzehnten eine lichtdurchflutete Hallenkirche mit edler Raumwirkung.

Das Gewölbenetz.

Das 21,30 m hohe Gewölbe der 25 m breiten und 80 m langen dreischiffigen Halle wird von 22 freistehenden Pfeilern getragen und von 26 Fenstern erhellt, deren Maßwerk sich nicht wiederholt.

Einmalig ist das von der Bäckerzunft gestiftete Maßwerkfenster mit sechs bzw. acht Brezen, zählt man die Rundbogen unten dazu, und dem Werkzeug der zur Zunft gehörenden Büttner.

Das Brezelfenster.[186]

Weltweit einzigartig ist die Ost-Doppelsonnenuhr am Münsterchor. Unter der Baumeisterbüste lassen sich auf der Doppelskala von ca. 1470 die mittelalterliche und neuzeitliche Tageszeit zugleich ablesen. Auf einer Ostsonnenuhr allerdings nur bis 12 Uhr mittags.

Im Mittelalter wurde der lichte Tag 12-mal unterteilt, deshalb hat die mittelalterliche Halbkreisskala der Sonnenuhr gleiche Abstände. Das ergab im Sommer eine lange und im Winter eine kurze Stundendauer. In der modernen Zeiteinteilung hat ein Tag 24 Stunden von gleicher Dauer. Das ergibt wegen der aufsteigenden Sonne auf der geraden Linienskala der Zahlen 8 bis 12 größer werdende Abstände. [187]

Baumeisterbüste von Nikolaus Eseler. Darunter die Doppelskala der Ostsonnenuhr mit Zeiteinteilung von 8 bis 12 Uhr.

St. Vituskapelle / St. Johanniskapelle / Kernter

Der zuletzt hinzugekommene Kirchenpatron des Münsters St. Georg ist St. Vitus, sein Gewölbe-Schlussstein ist der erste im Kirchenschiff. Sein Altar stand in der St. Veitskapelle auf dem Kirchhöflein, die Kaplaneistiftung erfolgte 1387 durch das Altgeschlecht Berlln.[188]

Die Kapelle geht auf eine Taufkapelle Anfang 12. Jh. zurück, die St. Johannis geweiht war und zur Doppelkapelle aufgestockt wurde. Die untere Kapelle wurde seit dem Bau der größeren St. Georgskirche 1323-1341 als Beinhaus, als „Kernter", wegen der aufgelassenen Gräber verwendet. Es werden 1426 in der Kapelle Altäre „uff dem Kernter und unter dem Kernter" genannt. *Die baufällige „capellen unsers kerntters" wurde 1520 neu aufgebaut[189] und für den Bau des Kapuzinerklosters 1622 abgerissen. An der Stelle steht auf dem Kirchhöflein ein Kreuz.*

91

St. Georgskirche und St. Vituskapelle auf der Bildkarte 1586, gezeichnet vom Dinkelsbühler Hans Hermann.[190]

Die Heiliggeistkirche

Die Heiliggeistkirche ist die Keimzelle des Heiliggeistspitals. Am Platz standen an der 1236 genannten Fernstraße nach Rom vermutlich bereits eine Marienkapelle und ein Wohnhaus. Wenige Jahre nach Beginn der Reichsstadtzeit, wurde um 1280 vor der staufischen Stadtmauer mit dem Bau des Hospitals "Heilige Jungfrau Maria und Heiliger Geist" für Kranke, Arme und Pilger begonnen. Der Hospitalkirchensaal bestand aus einem zweigeschossigen, chorlosen Kirchenraum, in dem Kranke waren und der dem Wohnen, Essen und Schlafen diente.

Die zum Hof liegende Ostwand des Kirchensaals zeigt zwei kleine, zugesetzte Spitzbogenfenster und lässt eine Außenlänge von 16,40 m und eine Breite von ca. 12 m vermuten.

Bis 1310 wurde das Hospital vergrößert. Die Kirche „Jungfrau Maria" wurde vom Siechensaal getrennt und erhielt den jetzigen Chorraum.

Ostseite der Heiliggeistkirche. Links Spitzbogenfenster des Kirchensaals. Rechts der später aufgestockte Chorraum.

Das Heiliggeistspital war der größte Grundbesitzer der Stadtrepublik und besaß um 1350 Güter in 94 Ortschaften. Es konnten 1383 drei weitere Altäre u.a. für alle Apostel, die Heiligen Nikolaus, Katharina, Maria Magdalena, Cosmas und Damian sowie im Krankensaal für Elisabeth und Ottilia geweiht werden.

Das Spital hatte drei Kaplaneien, die der Pfarrei St. Georg unterstellt waren. Die Marienkaplanei wird erstmals 1321 genannt, die zweite Spitalpfründe St. Elisabeth wurde 1334 von Sifrid und Adelheid Mühlich gestiftet. Sie übereigneten dem Spital ihren Besitz in Radwang, um „unter den Siechen" im

Krankensaal eine Messe lesen zu lassen. Als dritte Spitalka-
planei wurde vor 1348 die Katharinenkaplanei vom Altgeschlecht Arnold gestiftet.[191] Das Spital behauptete, es habe eine
eigene Kapelle für den Katharinenaltar gebaut. Sie dürfte im
Vorgängerbau vom repräsentativen Haupthaus sein, wo ein
freskiertes Kreuzgewölbe mit gotischem Portal im 1. Obergeschoss zu finden ist.[192]
Der dreischiffige Kirchenraum wurde um 1445 zur Dr. Martin-
Luther-Straße und an den beiden Langseiten erweitert. Um das
Kircheninnere zu erhöhen, wurde eine von vier sechseckigen
Holzsäulen getragene, flache Holzdecke eingebaut. Außerdem
erhielten die Kirche und das anschließende neue Pfründner-
haus eine gemeinsame Straßenfront. Dort wurde 1456 auf die
Trennmauer von Kirche und Westflügel des Spitals der zierliche
Glockenturm gesetzt.

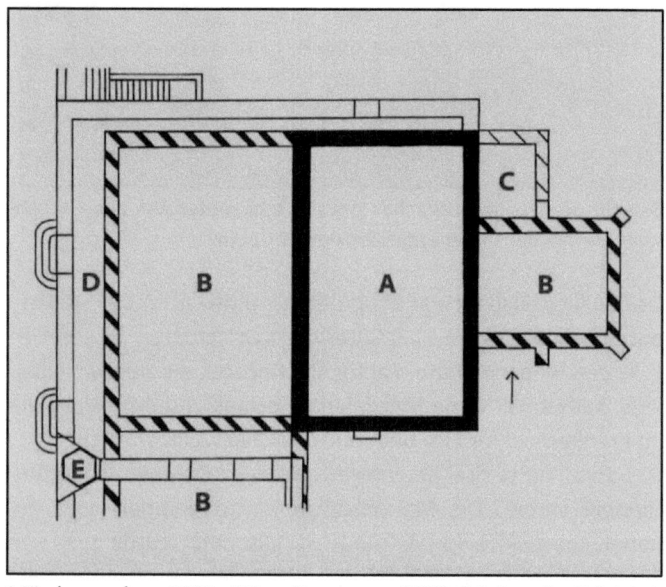

A Kirchensaal um 1280, B Erweiterung um 1310, C Anbau der Sakristei,
D Erweiterung um 1445, E Glockenturm, 1456.[193]

In der Reformationszeit wurde die Reichsstadt Dinkelsbühl lutherisch, die Kirche erhielt 1537 den Abendmahlsaltar, einen seltenen Bild-Schrift-Altar,[194] ein zweiter stand im Münster. Nach dem Dreißigjährigen Krieg wurde sie im Friedensvertrag den Evangelischen als Kirche zugeteilt.

Die Dreikönigskapelle

Die drei Könige wurden insbesondere von Wallfahrern verehrt, Dinkelsbühl lag an der Pilgerstraße nach Rom. Vielleicht bestand bereits 1364 eine Holzkapelle beim Segringer Tor, als im 200. Gedenkjahr der Reliquienüberführung der Heiligen drei Könige von Mailand nach Köln die Dreikönigskapelle[195] erbaut wurde.

Aufgrund der Hanglage liegt die Kapelle parallel zur Stadtmauer und hat deshalb einen ungewöhnlichen Südchor. Das Schiff mit flacher Holzdecke ist 12,50 m lang und 6,65 m breit. Wegen des späteren Stadtmauerbaus und des 1,5 m aufgefüllten Kapuzinerwegs wurde an die Kirchenmauer ein Trockengang gesetzt.[196] Der 1358 am Wiener Stephansdom tätige Meister Christoph Horn aus Dinkelsbühl kann am Entwurf oder am Bau der Dreikönigskapelle beteiligt gewesen sein.[197]

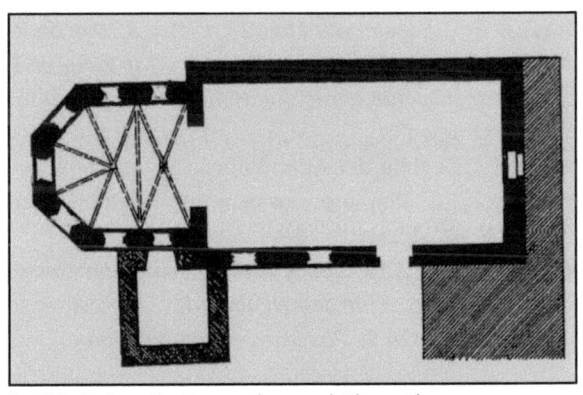

Dreikönigskapelle, Turmanbau und Obere Klause.

Neben der Kapelle stand das Klosterinnenhaus, die Obere Klause, in dem ein Kaplan Wohnrecht hatte. Von den Altgeschlechtern stifteten Konrad und Barbara Berlin, geborene Hofer, 1378 eine Kaplanei: „Ain ewige meß in dem chor der newen capellen der hailigen dreier künig in Segringer vorstadt gelegen."[198] Der Kaplan sollte täglich die Messe lesen und dem Stadtpfarrer „an allen heiligen Tagen in einem Chorrock bei dem Amt und Prozession" mithelfen.[199] Das Opfergeld der Dreikönigskapelle ging an die Stadtpfarrei.

Mit der Stiftung der Kaplanei wird eine frühe Durchführung der Dinkelsbühler Dreikönigsprozession wahrscheinlich,[200] die als einmalig gilt. Hierbei wird ein Dreikönigsreliquiar mitgetragen.

Im später angebauten Turm ist seit 1922 eine Kriegergedächtnisstätte eingerichtet.

Die Alte Kapelle

Die vermutete Königshofkapelle stand bei der Hofeinfahrt zum ehemaligen Karmeliterkloster in der Nördlinger Straße. Sie ist die Keimzelle des Klosters und wurde von den Brüdern nach dem Klosterbau 1291 als Friedhofskapelle mit Gruft genutzt. Die St. Johanneskapelle wurde wohl nach dem Bau der St. Georgskirche um 1350 erneuert und mit einer Friedhofsmauer ergänzt. *Die turmlose Gruftkapelle war etwa 13 m lang, 8,50 m breit und einschließlich Dach 11,50 m hoch. Der etwa 33 m lange und 4 m breite[201] Friedhof wurde gerne von Honoratioren der Stadt als Begräbnisplatz gewählt.*

Die einzige Darstellung der Alten Kapelle St. Johannes wurde von Maurermeister Zimmerer vor dem Abbruch 1839 gezeichnet.[202] Sie galt als ältester Teil des Klosters.

Abgebrochen wurde Alte Kapelle zusammen mit der Klosterkirche St. Katharina 1839 für den Neubau der „Protestantischen Hauptkirche", die 1924 St. Paulskirche benannt wurde.

Die Alte Kapelle und die Klosterkirche der Karmeliter St. Katharina um 1839.

Lageplan auf dem Erstkataster von 1827, Ledermarkt = heute Nördlinger Straße: 1 Alte Kapelle, 2 Klosterfriedhof, 3 Klosterkirche St. Katharina um 1441-1839.

Das Karmeliterkloster

Mit den Karmeliterbrüdern kam die mönchische Form geistlichen Wirkens nach Dinkelsbühl. Die Niederlassung[203] dürfte auf den Besuch König Rudolfs I. 1285 zurückgehen. Das ehemalige königliche Hausgut Dinkelsbühl war vor dem Ende der Stauferdynastie zerschlagen worden. Ein Teil des vom König zurückgeforderten Besitzes kam nun als Schenkung an die Würzburger Karmeliter. Der Klostergrund umfasste wohl das Geviert Nördlinger Straße einschließlich der Alten Kapelle – Klostergasse – Rabengasse. Bis zur päpstliche Genehmigung 1290, ein Kloster zu errichten, ließen sich die Brüder in älteren Gebäuden neben der Alten Kapelle St. Johannes nieder. Sie wurde zur Friedhofskapelle A, als für die geplante Kirche zunächst ein rechteckiger Chorraum B gebaut wurde, der innen 8,5 m breit und 11 m lang war.[204]

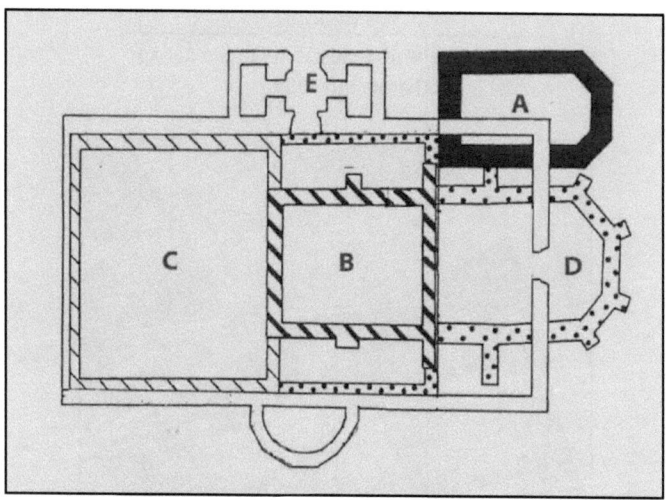

Der „Orden unserer Lieben Frau vom Berge Karmel" lebte von Almosen, weshalb sich die Fertigstellung der Klosterkirche hinzog, die St. Katharina von Alexandrien geweiht wurde. Man konnte sie erst 1303/07 mit einem Anbau C verlängern. Nach einem Brand 1441 wurde die St. Katharinakirche D etwa so groß wie die heutige St. Paulskirche E erbaut. Sie erhielt einen gotischen Chor und einen Dachreiter als Glockenturm. Der Kirche wurde ein Klosterbau angegliedert, die Klosterpforte lag zur Rabengasse.

Das Karmeliterkloster mit Dachreiter und Klosterpforte auf der Bildkarte 1586, gezeichnet vom Dinkelsbühler Hans Hermann.[205]

Das Dinkelsbühler Karmeliterkloster galt als das ärmste der oberdeutschen Ordensprovinz.[206] Die jetzige Klosteranlage entstand 1679-1768, die alte war „ganz bußwürdig" geworden. Abgebrochen wurde die St. Katharinakirche 1839 für den Neubau der Protestantischen Hauptkirche.

Die Dinkelbauersage

Die Frankfurter Milendunck-Chronik berichtet, den Karmeliten sei schon 1221 eine „villa" zwischen Würzburg und Augsburg geschenkt worden, der sogenannte „Dinckelhoff", von dem der

Name und der Ort Dinkelsbühl herstammten.[207] Und in Matthäus Merians Topographie heißt es 1643: „Es hat aber diese Stadt ihren Namen und Ursprung empfangen von einem Hof, der Dinggelhof genannt ... Dann der Bauer, so auf dem gemeldeten Hof gewohnt, soll die von Würzburg durchreisenden Mönche oft beherbergt und ihnen endlich den Hof gar geschenkt haben, die dahin ein Kloster erbaut, bei welchem folgends die Stadt allgemach aufkommen." [208]

Tatsächlich hat die Dinkelbauersage einen Wahrheitsgehalt,[209] denn das Kloster steht nach fundierter Vermutung auf der karolingischen Hofstatt, der Keimzelle der Stadt.[210] Im legendären Dinkelbauer ist der königliche Hofverwalter und Minister zu sehen. Allerdings war Dinkelsbühl bereits eine Reichstadt als sich die Karmeliter niederließen.

Weil eine Stiftungsurkunde fehlte, tradierten die Karmeliter die Dinkelbauersage als erforderlichen Besitznachweis.[211] So wurde u.a. beim Scapulierfest ein Kinderpaar als Dinkelbauer und Dinkelbäuerin verkleidet mitgeführt.[212]

Während der schwedischen Stadtherrschaft wurde 1634 „das Dinckelbäuerle am Eck des Klosters herabgeschossen, hatte die Zahl 1290", wie ein Zeitzeuge berichtete.[213] Nachfolgefigur war eine Dinkelbauerstatue von 1667, die später im Klosterhof über dem Sakristeieingang ihren Platz fand. Ein zweiter Dinkelbauer war an der Südostseite des Kreuzgangs im ersten Stock angebracht.[214] Sie wurde vom Dinkelsbühler Bildhauer Jacob Strobel 1708 angefertigt.[215] Unter ihr stand der Spruch: „Dies Kloster und die Stadt von mir den Namen hat", wie Chr. von Schmid in seinen 1851 begonnenen Erinnerungen schreibt.[216] Seit 1996 stehen im Klosterhof Kopien, die Originale im Gebäude.

Die St. Leonhardkapelle

Am Pilgerweg nach Rom soll in der Mönchsrother Straße eine Holzkapelle etwa 700 m vor dem staufischen Nördlinger Tor an der Kreuzung Nördlinger Straße / Wethgasse gestanden haben.

Bei Kapelle war um 1290 eine Hütte für Aussätzige gebaut worden. Nach der Pestwelle 1348/1350 und der Befreiung aus Oettinger Pfandschaft wurde die Leprosenkapelle zu Ehren der Heiligen Nikolaus und Leonhard errichtet.[217] Die „sant Lienhartz capeln" war 30,50 m lang und 11,30 m breit.

Zwölf Bischöfe gewährten 1357 den Besuchern der Kapelle an vielen Kirchenfesten einen Sündenablass. Eine eigene Kaplanei mit Ewigmesse, gestiftet vom Altgeschlecht Berlin, wurde vom Augsburger Bischof 1387 bestätigt. Die Altaropfergelder gingen an den Stadtpfarrer.

Die schwedische Besatzung Dinkelsbühls brannte Kapelle und Leprosenhaus 1634 nieder, um den anrückenden kaiserlichen Truppen den Angriff zu erschweren.

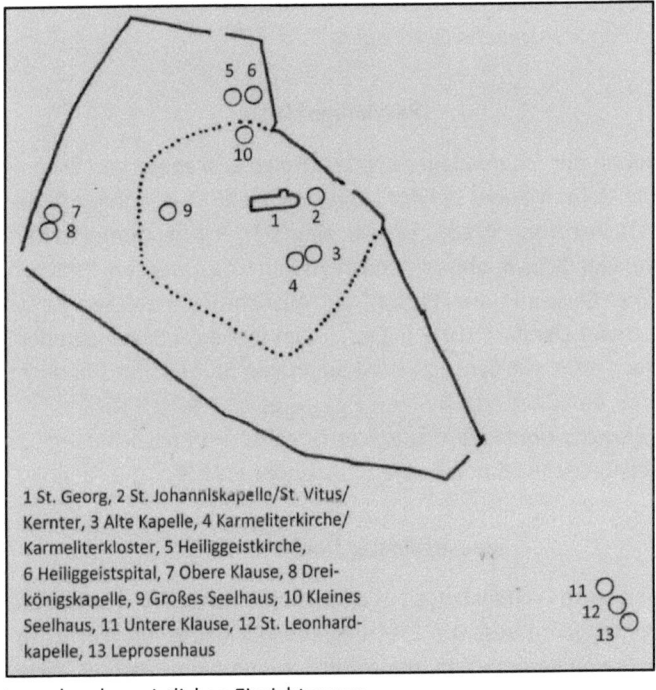

1 St. Georg, 2 St. Johanniskapelle/St. Vitus/ Kernter, 3 Alte Kapelle, 4 Karmeliterkirche/ Karmeliterkloster, 5 Heiliggeistkirche, 6 Heiliggeistspital, 7 Obere Klause, 8 Dreikönigskapelle, 9 Großes Seelhaus, 10 Kleines Seelhaus, 11 Untere Klause, 12 St. Leonhardkapelle, 13 Leprosenhaus

Lageplan der geistlichen Einrichtungen.

Die Frauenklause / Obere Klause

An die Dreikönigskapelle angebaut war die Obere Klause, eine klösterliche Gemeinschaft für wohlhabende Dinkelsbühler Töchter. Die Klosterinnen führten ein weltabgewandtes Leben ohne einem Orden anzugehören. Als erster stiftete 1369 der Altpatrizier Eitel Arnold ein Seelgerät zum Heil seiner Seele. An seinem jährlichen Todestag sollen „einer jeglichen Klösterin in dem Kloster" drei Schilling Heller gegeben werden. Seine zwei Töchter im „Kloster" sollen 220 Pfund Heller erhalten.

Die 1378 gestiftete Dreikönigskaplanei sorgte für die kirchliche Einbindung. Die „geistlichen Schwestern in der Klausen zu den Heiligen Drei Königen" werden urkundlich noch 1477 und 1498 genannt.

Aufgelöst wurde die Obere Klause nach Einrichtung der Evangelischen Staatskirche Dinkelsbühl 1534.[218]

Die Männerklause

Neben der Frauenklause bei der Dreikönigskapelle gab es eine Klause für Männer bei der Leprosenkapelle St. Leonhard in der Mönchsrother Straße. Es war eine klösterliche Gemeinschaft weniger Brüder ohne Ordensregel. Erstmals werden 1381 von Irmel Berwig in die „Closen" zur Ausrichtung eines Seelgeräts „ze sant Lienhart" 10 Schilling für das Heil ihrer Seele gegeben. Noch 1474 werden u.a. der Kaplan von St. Leonhard bedacht und „den Closnern" 6 Pfennig gestiftet.[219]

Aufgelöst wurde die klösterliche Gemeinschaft nach Bildung der Evangelischen Staatskirche Dinkelsbühl 1534.[220]

Klause/Kloster Dorfkemmathen

Über eine Frauenklause auf dem Land übte die Reichsstadt die Vogteirechte aus. Die 1398 beglaubigte Klause war von Elisabeth von Kemmathen, die einen Sohn und eine Tochter hatte, gestiftet worden. Sie war an die Pfarrkirche in Dorfkemmathen gebaut. Nächst der Kirche und Klause stand ein Hof, den Ritter Heinrich von Dürrwangen 1411 Elisabeth zustiftete. Seit 1435 stand die Klause für ewige Zeiten unter reichsstädtischem Schutz, wie 1474 urkundlich bestätigt wird.[221] Neben weiteren Stiftungen erfolgte 1467 an die „geistlichen Betschwestern in dem Gotteshaus zu Kemmathen" ein Waldverkauf, damals war Lazarus Berlin Dinkelsbühler Ratspfleger.

Im Kloster lebten 1474 acht Schwestern nach der dritten Regel des Dominikanerordens. Eine Margaretha Sprenz gehörte der Gemeinschaft 1514 an,[222] die wohl mit dem gebürtigen Dinkelsbühler Kaiserberater und Fürstbischof Sebastian Sprenz verwandt war.

Die Priorin siegelte 1522 einen Hofverkauf an die „armen sondersiechen vor der stat Dinkelspühel nechst bei sant Lienhardt-Capellen".

Das Ende der Gemeinschaft kam 1525 mit der Zerstörung des Klosters im Bauerkrieg, gleichwohl befasste sich der Rat mit den Klostergütern bis ins 17. Jh.[223]

Die Seelhäuser

Die Seele der Verstorbenen wurde gepflegt, um durch Fürbitte die Qualen der „armen Seelen" im Fegefeuer zu verkürzen. Dazu dienten zwei Seelhäuser,[224] die in der Nähe der staufischen Stadttore standen. Die Seelschwestern waren unverheiratete Frauen oder Witwen, die ein weltabgewandtes Leben führen, aber nicht in ein Kloster eintreten wollten. Die dort lebenden „geistlichen Töchter" beklagten bis zu 30 Tage lang am Grab die Verstorbenen gegen Bezahlung, auch an den jährlichen Todestagen. Als „Betschwestern" beteten die Klageweiber täglich für die Stifter.

Zur besseren Aufsicht unterstellte der Rat die beiden Seelhäuser 1397 der Stadt, die Schwestern mussten den zwei Ratspflegern jährlich Rechenschaft ablegen.

Das Große (Obere) Seelhaus

Das Große Seelhaus lag beim staufischen Segringer Tor, wahrscheinlich im Pulvergässlein zwischen Segringer Straße 24 und Steingasse 15. Als erste stiftete Agnes Kaiser 1363 den „geistlichen Töchtern", danach Eitel Arnold aus dem Altgeschlecht 1369 „den armen Leuten in dem großen Seelhaus bei dem Segringer Tor 3 Schillinge".[225] Die heutige Stadtmauer mit einem Segringer Tor gab es noch nicht.

Das Große Seelhaus war wohl eine Reihenhausanlage aus drei schmalen Häuschen von etwa 22 m Gesamtlänge. Die Giebel und Türen zeigten zur Staufermauer hin, die bei der Ringhoferstraße verlief. In jedem Häuschen befanden sich zwei Wohneinheiten. Im Erdgeschoss waren Flur, Küche sowie ein Raum für aufgenommene Arme oder ein Stall, im Dachgeschoss lagen die Schlafkammern.

Das Kleine (Untere) Seelhaus

Für das „Kleine" oder „Untere" Seelhaus wurde als Filiale nahe beim staufischen Rothenburger Tor zwischen Spitalgasse 3 und dem Kreuzgässlein eingerichtet. Eitel Arnold stiftete 1369 3 Schillinge.[226]

Die Wohlfahrt
Spitäler, Badstuben, Frauenhaus

Das Heiliggeistspital

Die Gründung

Unmittelbar vor dem staufischen Rothenburger Stadttor an der Pilgerstraße von Norddeutschland nach Rom, wurde um 1280 das „Hospital der Heiligen Maria zu Dinkelsbühl" gegründet. Der 1198 entstandene Orden der Brüder zum Heiligen Geist widmete sich ganz der Armen- und Krankenfürsorge und baute den Vorgängerbau der Heiliggeistkirche, der Spitalkirche Dr.-Martin-Luther-Str. 8. Wahrscheinlich standen dort bereits eine Marienkapelle und ein Wohnhaus.

Die Spitalfläche dürfte zunächst 2500 m² betragen haben. Erst als ein Jahrhundert später der Deutschordenshof beim jetzigen Rothenburger Tor abgerissen wurde, konnte sich der Gebäudekomplex bis zur neuen Stadtmauer auf rund 8500 m² ausdehnen.

Der Besitz bestand aus zusammenhängenden Flurblöcken, ehemaliges Staufergut, das sich die Stadtgeschlechter angeeignet hatten und nun einen Teil auf Geheiß des Königs stifteten. Ein Viertel Jahrhundert nach der Hospitalgründung begannen bereits kleineren Schenkungen.[227]

Das Hospital hatte zusammenhängende Ackerblöcke mit 13, 24, sogar 34 Morgen, insbesondere etwa 50 Morgen jeweils auf den drei „Dinkelsbühler" Feldern rechts der Wörnitz, wo die Dreifelderwirtschaft mit abwechselnder Fruchtfolge Sommer-, Winter- und Brachfeld erfolgte: Das Nördlinger Feld vom Radwanger Weg bis zum Ulmer Weg, das Segringer Feld von dort bis zur Crailsheimer Straße, das Rothenburger Feld von da bis zur Larrieder Straße.[228]

Eine dauerhafte Geldquelle hatte das junge Hospital der Heiligen Maria zu Dinkelsbühl „hospitale sancte Marie in Dynkelspule" durch Ablässe. Als der Weihbischof von Würzburg und Bischof von Budua Incelerius in Gebsattel bei Rothenburg weilte, suchten ihn Dinkelsbühler Abgesandte auf.[229] Er gewährte 1282 allen Besuchern des Hospitals an den vier Festen der Jungfrau Maria, den Kirchweihtagen und den jeweils nachfolgenden acht Tagen wie auch allen Besuchern und Wohltätern der dort liegenden Kranken einen Ablass von 40 Tagen für schwere Sünden oder ein Jahr für lässliche. Im Jahr danach unterstützte auch Bischof Konrad von Straßburg das Hospital: Er gewährte Ablass „für den Ausbau und den Unterhalt der bedürftigen neuen Niederlassung „Heilige Jungfrau Maria und Heiliger Geist". Weitere Ablassurkunden folgten,[230] insgesamt wurden in den hundert Jahren bis 1383 acht Gnadenbriefe gegeben.[231]

Um 1285 Der Baubeginn

In der Ablassurkunde von Bischof Johannes von Coricos vom 24. April 1286 ist vom „jüngst begonnenen Bau des Spitals" die Rede. Man baute eine zweigeschossige Halle für Wohnen, Essen, Schlafen und den Gottesdienst. Aufgenommen wurden Kranke, gebrechliche Arme, bald auch Pfründner, die sich durch Stiftungen einen Platz erkauften. Reisende und Pilger waren als Gäste willkommen.

Die Verwaltung

Als das Dinkelsbühler Ammannamt an die Grafschaft Oettingen verpfändet werden sollte, stellte der Rat am 20. Mai 1295 das Hospital unter die Obhut des Zisterzienserklosters Schöntal im Hohenlohekreis.[232]

Nach der Auslösung des Ammannamts aus der Hand Oettingens um 1302 wurde die Klosterzuständigkeit rückgängig gemacht. Vermutlich übernahm nun das Spital eine halbklösterliche Vereinigung, der sogenannte Spitalorden. Die meisten Mitglieder waren Laienbrüder, die ohne geistliche Weihe nach der Augustinerregel lebten.

Ein geistlicher Spitalmeister wird erstmals 1317 mit Priester Sifrid genannt,[233] er stand dem Konvent der „geistlichen lute des spital ordens des huses zue Tinkelsbuhel" vor, wie es 1346 urkundlich heißt.

Die städtische Aufsicht oblag Ratsherren als „Pflegern". Dem Rat gelang es um 1350, das Hospital zu verweltlichen und statt des geistlichen einen weltlichen Spitalmeister einzusetzen.

Nachweislich genannt wird ein weltlicher Spitalmeister 1369. Er schwor 1470, „dass er das Spital als ein Spitalmeister und Baumeister mit allen Sachen und Bauten getreulich ausrichte, versehe und bewahre mit guter Treue, nach seiner Ehre und nach des Spitals Nutzen und Notdurft, nach seinem besten Vermögen; desgleichen seine eheliche Hausfrau."[234]

Das Lammsiegel des Hospitals

Der Spitalmeister und die Pfleger des Rats stellten gemeinsam Spitalurkunden aus, die mit dem Lammsiegel des Hospitals gesiegelt wurden. Es zeigt ein schreitendes, zurückblickendes Lamm mit Kreuzstab.

Hospitalsiegel vom 22. Juli 1477 mit der Umschrift
+ S (= Sigillum) Hospitalis In Dinckelsbuhel

Das älteste erhaltene Lammsiegel von 1321 hat eine beschädigte Umschrift.[235] Das Hospitalzeichen der gekreuzten Schlüssel, zu sehen im Spitalhof auf dem Eckfresko am repräsentativen Verwaltungshaus, verwendete man z.B. auf Grenzsteinen.

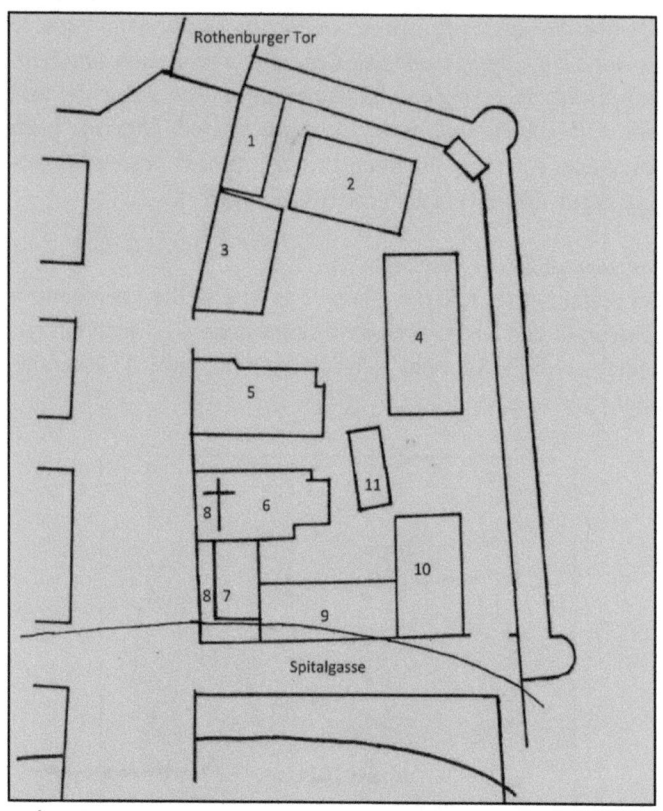

Heiliggeistspital. Spitalgasse mit Mauerzug und Graben der staufischen Stadtbefestigung.

1 Stadtgefängnis, um 1550 über Mittelalterhaus erbaut; 2 Stadel, datiert 1541, Landestheater; 3 Getreidestadel 15. Jh., Neubau als Stadtkrankenhaus 1865, Pflegeheim; 4 Hauptgebäude des Spitalhofs 15. Jh., nach Brand 1672 neu erbaut, abgerissen; 5 erbaut um 1450, vermutlich Kaplanhaus, überbaut 1567, als repräsentativer Verwaltungsbau erweitert 1599; 6 Spitalkirche um 1280-1310; 7 Siechensaal um 1310; 8 Erweiterung von Kirche und Pfründnerhaus um 1445; 9 Südflügel mit Speisesaal, Krankensaal, Altarnische zur Spitalgasse und Küche um 1380; 10 Vorrats- und Personalgebäude, datiert 1541; 11 Backhaus 15. Jh., abgerissen.

Der Ausbau

Die Spitalanlage bestand aus der Marienkirche (Spitalkirche), einem Wirtschaftshof und dem Spital für Arme, Kranke und wohlhabende Herrenpfründner (Altenheim). Auf dem Friedhof neben der Spitalkirche durfte das Spital ab 1417 Verstorbene begraben.[236]

1310/1321 Das Siechenhaus Die Kirchenhalle war um 1310 vom Siechenhaus bereits abgetrennt, Kirche und Spital erhielten eigene Namen: Heilige Jungfrau Maria und Heiliggeistspital.

Bischof Friedrich von Augsburg gewährte am 29. März 1310 all denjenigen Ablass, die dem Heiliggeistspital „hospitale sancti spiritus" zum Unterhalt der Kranken, Armen und Pilger Almosen, Betten, Kissen, Leinen und Schuhe spendeten oder für die Kirche zu Ehren der Heiligsten Jungfrau Maria „in honore sanctissimi virginis Marie" zur Anschaffung von Leuchtern, Büchern, Kelchen und notwendige Ausstattung gaben.[237]

Im Siechenhaus mit etwa 20 Krankenbetten wurden durch Stiftungen Betten für Dauerpflegefälle eingerichtet. Wohlhabende konnten sich vorsorglich als bevorzugte Herrenpfründner mit besserer Verpflegung einkaufen.

Ritter Heinrich von Dürrwangen aus der Ministerialenfamilie der Reichsküchenmeister von Nordenberg, später kaiserlicher Landvogt in Nürnberg, reservierte eine Bettstelle. Er erwarb 1321 für sich und seine Erben das ewige Recht, jederzeit im Heiliggeistspital ein Bett an eine beliebige Person zu vergeben. Als Gegenleistung gab er dem Spital u.a. ein Bett, 10 Pfund Heller und ein Pferd.

Um 1380 Der Südflügel Notwendig wurden Erweiterungsbauten,[238] nachdem Dinkelsbühl 1360 Messestadt geworden war, der Fernverkehr an der Romstraße zunahm und die erworbenen Güter und Stiftungen einen entsprechenden Wirtschaftshof erforderten. In der ältesten Güterbeschreibung des Hospitals sind um 1350 in 89 Orten Höfe, Mühlen und Güter verzeichnet.

Für die Erweiterung kaufte man 1377 ein vor dem Staufergraben stehendes Haus und begann den Südflügel zu bauen. Als im Kleinkrieg zwischen Fürsten und Reichsstädten auch die spitaleigenen Höfe geplündert und niedergebrannt wurden, geriet man in finanzielle Schwierigkeiten. Zwei Spitalboten wurden 1380 mit einem Bittbrief des Rats zum Spendensammeln mit der Begründung geschickt: „Dass unser vorgeschrieben Spital in großen Schulden ist von Schäden wegen, die ihm zugezogen sind an Nom und an Brand und besonders von großer Baue wegen, die man gegenwärtiglichen daran tut."[239]

Um 1445 Straßenfassade Die Kirche wurde zur Dr.-Martin-Luther-straße erweitert, das alte Siechenhaus abgerissen und zum Pfründnerhaus für eingekaufte Wohlhabende und die „Vordere Stube" vergrößert. Sie wurde mit dem Südflügel verbunden, in dem die „Hintere Stube" für „Bedürftige" war. Die Kirche und das neue Pfründnerhaus, erhielten eine gemeinsame Fassade.

Mit der Fassade bündig wurde 1456 der Glockenturm der Spitalkirche gesetzt.

Die damalige Spitalrechnung für „Verbauen" lautet über Ziegelsteine, Kalk, „von der Glocken zu henken" und vom „Kreuz auf den Turm". Weitere Veränderungen an der Fassade erfolgten in der Neuzeit.

Das Leprosenhaus für die Sondersiechen

Das um 1280 entstandene Heiliggeistspital widmete sich Armen und Kranken, nahm jedoch keine ansteckend Erkrankten auf. Durch die Kreuzzüge nach Jerusalem verbreitet sich der Aussatz. So baute man 700 m vor dem staufischen Nördlinger Tor bei der Wethgasse vermutlich um 1290 eine Feldhütte bei der dortigen Nikolauskapelle. Das Leprosenhaus für die Feld- oder Sondersiechen lag an der Romstraße in der Mönchsroher Straße.

Als der Schwarze Tod, die Pest, das Land heimsuchte, baute der Rat nach Erlangung der Oettinger Pfandfreiheit 1351 das Leprosenhaus *zu Sankt Lienhart* aus. Als Fürbitter gegen Epidemien wurde St. Leonhard verehrt, diesem Heiligen waren Siechenkapellen häufig geweiht.

Ein Siecher erhielt 1363 10 Schilling und ein Fastnachtshuhn. „Aussätzler" werden erstmals 1369 genannt, als Eitel Arnold aus dem Altgeschlecht ihnen bzw. ihren Pflegern 6 Schilling stiftete.[240]

Zunächst wurden die Sondersiechen seelsorgerisch von einem Spitalpriester betreut und auf dem Leprosenfriedhof beigesetzt. Als erster Kaplan einer eigenen Kaplanei St. Leonhard wird Konrad Kindvater 1365 genannt.

Für die Verwaltung und die Aufsicht über das Vermögen, das durch Stiftungen, Käufe und Ablässe anwuchs, waren Ratsherren als städtische Pfleger zuständig. Von den Pflegern der St. Leonhardspfründe wird ausdrücklich 1385 gesprochen.

Der schwedische Besatzer Obristleutnant von Rosa ließ das Leprosenhaus samt Kapelle im Dreißigjährigen Krieg 1634 niederbrennen, um das Verschanzen der kaiserlichen Truppen zu erschweren. Es wurde 1654 wieder aufgebaut, seit 1906 steht dort das Leichenhaus.

Die Badstuben

Öffentliche Bäder gab es zu gleicher Zeit in den vier Stadtteilen mehrere. In der mittelalterlichen Reichsstadtzeit sind die Örtlichkeiten von elf Badstuben bekannt, im Jahr 1436 gab es sechs Bäder.

Erstmals wird 1369 eine neue „Badstube" genannt. Sie war nahe beim Kleinen Seelhaus hinter dem Haus Weinmarkt 16, im Kreuzgässlein.

In der Wörnitzvorstadt wird 1378 eine Badstube „zwischen den prucken" genannt, gemeint sind die Wörnitzbrücke und die Mühlgrabenbrücke.

Den Bau eines Bades mit einem Abort in der Spitalgasse 3 beim Heiliggeistspital genehmigte der Rat 1431.

Bedingung war, die „armen Siechen" des Spitals jeden Montag eine Stunde kostenfrei baden zu lassen. Ebenso durften die Dienstleute des Spitals nach dem Mistfahren und Krautsieden umsonst baden, der Spitalmeister und sein Frau jederzeit.

Das „Seelbad", 1436 genannt, lag in der Lange Gasse nahe beim Großen Seelhaus. Dort war das Baden vermutlich Armen gestiftet worden.

Weitere Bäder lagen 1434 am Altrathausplatz an der Stadtmauer, 1436 am Dönersberg, 1437 in der Siebenbrüdergasse, 1456 Lange Gasse/Bärengässlein, 1494 beim Drysatz.[241]

Das Frauenhaus

Das Hurenhaus wurde wohl städtischerseits eingerichtet, nachdem die Zünfte ab 1387 das Stadtgeschick mitbestimmten. Die mittlere und untere Einwohnerschicht vermehrte sich, Gesellen, Knechte und Mägde blieben ledig, so dass uneheliche Verhältnisse zunahmen. Die Obrigkeit sah das Frauenhaus als Bestandteil eines zeitgemäßen Stadtstaats an. Das Problem unehelicher Kinder sollte gemindert und die ehrsame Bürgerin geschützt werden.

Ein Frauenwirt beaufsichtigte das Haus, sorgte für die Entlohnung der Dirnen sowie für das Essen und den Getränkeausschank an die Kunden. Geistliche, verheiratete Bürger und Juden durften das Hurenhaus üblicherweise nicht aufsuchen.

Das Dinkelsbühler Frauenhaus stand wahrscheinlich am Patz des Hauses Nestleinsberggasse 1.[242]

Zwischen Nr. 1 und dem Hinterhaus Segringer Straße 65 liegt ein Grasgrundstück, genannt „Frauenwasen" oder „Frauenwäselein". Auf ihm stand um 1700 ein Stadel, heute eine Flachdachgarage. Das „frow huß" wird 1421 neben einer Hofstatt erwähnt,[243] und wird urkundlich noch 1470 und 1496 genannt. Der nahe gelegene Wächterturm der Stadtmauer wurde bis 1533 als Turm bei dem Frauenhaus bezeichnet.[244]

Mit der vom Rat durchgesetzten Reformation 1533 und einer strengen lutherischen Kirchenzucht kam das Ende des Dinkelsbühler Frauenhauses.

Die vorhandenen nachmittelalterlichen Ratsprotokolle belegen vielfach die Bestrafung von Hurerei mit Verbannung, unehelicher Geschlechtsverkehr vor der Heirat und die Verehelichung von Schwangeren wurden mit Geldbußen belegt.

Die Schulen

Die Lateinschulen

Aus kirchlichen Gründen gab es bereits früh Unterricht für Knaben, die zusätzlich zum Rechnen, Lesen und Schreiben im lateinischen Chorgesang und in Latein unterrichtet wurden. Es waren Chorschulen für die liturgische Gestaltung des Gottesdienstes bei Messen, Vigilien, Vespern und Kompleten.

Im Karmeliterkloster

Bald nach dem Bau des Karmeliterklosters um 1290 entstand in der jungen Reichsstadt eine erste Lateinschule für die Knaben der Stadtgeschlechter. Nach den Karmeliterregeln von 1376 sollten die Schüler und Brüder jährlich 20 Psalter singen.

Ein Magister H., genannt Burger, ist urkundlich bereits 1305 erwähnt. Die Witwe Elsbeth Huber stiftete 1411 für die Ausrichtung eines Jahrtags u.a. den Schülern im Karmeliterkloster Geld, der Schulmeister erhielt 3 Schillinge.

Berühmte Klosterschüler waren der Baumeister Christoph Horn vermutlich ab 1335, der Scholastiker Nikolaus von Dinkelsbühl vermutlich ab 1365 und der Jugendschriftsteller Christoph von Schmid, Dichter des Weihnachtslieds „Ihr Kinderlein kommet", in den Jahren 1779 bis 1781.[245]

In der Stadtpfarrkirche

In Konkurrenz zur Chor-Lateinschule des Karmeliterklosters stand die weniger anspruchsvolle Chorschule der Pfarrkirche St. Georg, die um 1340 einen vergrößerten Chorraum von 10 x 17 Metern hatte.[246] Die armen Alumnen, die im Heiliggeistspital kostenlos untergebracht waren, bildeten den Grundstock der Chorschüler. Neben ihnen nahm die Pfarrschule auch weniger gut Begabte der aufstrebenden Bürgerschicht auf.

Anna Rewß stiftete 1400 dem Schulmeister in der Pfarrkirche an den Jahrtagen ihrer verstorbenen Familienmitglieder den bei Jahrtagen gewöhnlichen Betrag. Urkundlich wird erstmals neben dem Schulmeister 1474 ein eigener Kantor für den Chor genannt, ein erster „lateinischer" Schulmeister wird zwischen 1514 und 1525 in der Pfarrkirche erwähnt.[247]

Die Wurzeln des späteren Heimatfestes Kinderzeche sind in der Chorschule der Stadtpfarrkirche St. Georg zu suchen. Der Rat hatte vor 1475 einen besonderen, bezahlten Kirchendienst eingeführt, bei dem vier Chorschüler in einer Art Prozession mit dem Priester durch die Stadt zogen.[248]

Dinkelsbühler Studienorte

Nachweislich studierten Dinkelsbühler Bürgersöhne vor 1377 in Wien, seit 1387 in Heidelberg, seit 1433 in Erfurt, seit 1457 in Leipzig, seit 1463 in Freiburg i. B., seit 1472 in Ingolstadt, seit 1477 in Krakau, seit 1478 in Tübingen, seit 1481 in Köln.[249]

Die Deutsche Schule

Die „Deutsche Schule" vermittelte einfache Fertigkeiten in Lesen, Schreiben und Rechnen. Vom Rat wurde sie wahrscheinlich als reichsstädtische Schule erst nach der Regierungsbeteiligung der Handwerksmeister 1387 eingerichtet.

Ein erster namentlich bekannter Lehrer ist Hermann Wachßmut, der 1421 als verstorbener Schulmeister urkundlich erwähnt ist.

Steckbriefe großer Persönlichkeiten

In Dinkelsbühl gebürtige Verwaltungsfachleute und Juristen, Wissenschaftler und Künstler treten erst in nachmittelalterlicher Zeit vermehrt auf.

Christoph Horn

Über den Steinmetz- und Baumeister Christoph Horn, Deutschordensuntertan aus Dinkelsbühl, ist wenig bekannt. Vermutlich wurde er um 1330 geboren. Herzog Rudolph von Österreich, Schwiegersohn Kaiser Karl IV., war 1358 Landvogt in Schwaben und damit „Vogt und Pfleger" der Reichsstadt Dinkelsbühl. Er holte ihn nach Wien, wo der damals schon bekannte Baumeister von 1359 bis 1368 am Langhaus des Wiener Stephansdoms arbeitete. Er fertigte einen Teil der Skulpturen der beiden Seiteneingänge Bischofs- und Singertor an. Hier ist an einigen Zierarbeiten sein Steinmetzzeichen zu finden.

Auf den später erstellten Baumeistertafeln der Wiener Steinmetzengenossenschaft heißt es neben der Abbildung seines Zeichens: „und Christoff Horn von Dingelsbühl waren bede Baumeister peü St. Stöffen im Jahr 1359." Und 1748 wird überliefert: „Herzog Rudolph schickte nach zwei der fürnehmsten Meister, ... und auch Christoph Horn von Dünkelspiel."[250] Die Grundform seines Steinmetzzeichens findet sich am Chor der Dreikönigskapelle.[251]

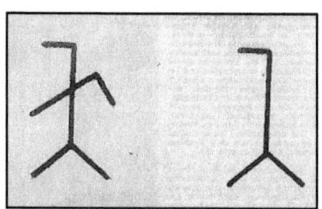

Links: Zeichen von Christoph Horn.
Rechts: Zeichen an der Kapelle.

Nikolaus von Dinkelsbühl

Der Doktor der Theologie und Rektor der Universität Wien, Nikolaus Pruntzlin, genannt von Dinkelsbühl, galt mit weit über tausend Handschriften als einer der bedeutendsten Scholastiker und Mitgestalter seiner Zeit.[252] Er wurde vermutlich um 1360 in Dinkelsbühl geboren.

Zumindest ist ein Peter Pröntzlin ab 1400 als Pfarrer in Dinkels-
bühl genannt, ebenso 1405,[253] 1415 ist er Gläubiger für 14 Gul-
den,[254] zuletzt 1432 als Herr Peter erwähnt, wohnhaft hinter
dem Pfarrhof.[255]

Nikolaus begann 1385 an der Wiener Universität zu studieren,
vier Jahre später war er Magister Artium und lehrte neben seinem Theologiestudium in den sieben freien Künsten. Zum ersten Mal wurde er 1405 zum Rektor er gewählt, eine zweite Wahl
nahm er nicht an, wofür er mit einem Strafgeld belegt wurde,
das man ihm schließlich erließ.

Nikolaus von Dinkelsbühl stand bei der Abwehr ketzerischer
Lehren und als papsttreuer Reformator an führender Stelle. Außerdem engagierte er sich bei der Überwindung der großen Kirchenspaltung mehrerer Päpste 1378-1417.

Um eine Kirchenreform herbeizuführen berief Kaiser Sigismund das allgemeine Konzil von Konstanz. Nikolaus von Dinkelsbühl hielt am Weihnachtstag 1414 die feierliche Begrü-
ßungsansprache im Dom und wurde in die Glaubenskongrega-
tion gewählt, was seinen hohen theologischen Rang belegt.

In einer Predigt verurteilte er an führender Stelle die ketzeri-
schen Angriffe von John Wiclif und Johannes Hus und dessen
Mitstreiter Hieronymus von Prag.

Er war 1417 Mitglied des Wahlgremiums des Papstes, das aus
22 Kardinälen und 30 Abgeordneten bestand. Nach der Wahl
Papst Martins V. hielt er die Begrüßungs- und Glückwunsch-
rede.

Nach dem Konzilende begann er im Benediktinerkloster Melk
eine Klosterreform, die nach Bayern übergriff.

Am 17. März 1433 starb er 73-jährig in Wien und soll im Stephansdom vor dem Altar des heiligen Johannes begraben liegen.

Im Jahr 2002 wurde eine Nikolaus-von-Dinkelsbühl-Gesellschaft
gegründet und am 10. Juli am Münster St. Georg eine Gedenkin-
schrift für das „Lux Sueviae" enthüllt.

Sebastian Sprenz

Der um 1475 in Dinkelsbühl geborene Sohn von Jacob und Katherina Sprenz war Enkel eines zugezogenen Färbermeisters. Er erhielt in Augsburg die Niedere Kirchenweihe, studierte in Ingolstadt, war Schulleiter in Nürnberg an St. Lorenz, Professor an der Universität Ingolstadt, war Domherr und Dompropst in Brixen. Die hierfür benötigte eheliche Geburt wurde 1514 in Dinkelsbühl vom Rat bestätigt.[256]

Kaiser Maximilian I. setzte sich 1517 in einem Brief für die sich vom Dinkelsbühler Rat belästigt gefühlte katholische Verwandtschaft von Sebastian Sprenz ein. Dieser war Hofrat, kaiserlicher Diplomat und Brautwerber des Kaisers. Nach dessen Tod 1519 war er Gesandter Kaiser Karls V. und dessen Protegé, er war 1521 Mitunterzeichner des Thorner Friedensvertrags, wurde Bischof von Brixen, Kanzler von Tirol und Fürstbischof.

Die glanzvolle Karriere des bürgerlichen Dinkelsbühlers endete während des Bauernaufstands 1525. Er starb in seiner Burg Bruneck. In Dinkelsbühl wurde am Münster St. Georg 2017 eine Erinnerungstafel für den Humanisten, Astronomen, Hebraisten und Dichter angebracht.

Die Streitkräfte

Das Staatsgebiet der Reichsstadtrepublik bestand aus dem Stadtgebiet und dem territorialen Streuland. Neben der Stadtarmee und der Landarmee gab es eine Staatsarmee für die Beteiligung an Reichskriegen.

Die Stadtarmee

Die Verteidigung der Stadtbefestigung und der städtischen Landmark übernahmen die vereidigten Bürger mit ihren zugewiesenen Waffen. Die Verteidigung befehligte der Stadthauptmann, in den Stadtvierteln die untergebenen Viertelmeister. Jeder Mann hatte nach der Viertelordnung von 1473 seinen Platz auf der Mauer.[257] Damals gab es 921 Waffenfähige, von denen 657 Männer bei drohender Gefahr fest eingeteilt waren: An den Toren 84, auf der Mauer 98, die anderen standen auf vier Plätzen zum Einsatz bereit. Zu den Mauertürmen führten direkte Gassen, sodass die Truppe rasch zur Stelle sein konnte. Die Ausrüstung der Männer war im Harnischbuch notiert und wurde inspiziert.

Die Bestückungsliste von 1461 gibt an, welche Büchsen, wieviel Kugeln und Pulver, Laternen und Beile, in den Türmen und bei Toren damals bereit lagen.[258]

Beispielsweise lagerten auf der Bergseite im Berlinsturm 1 Büchse, 8 Pfund Pulver, 10 Kugeln, 1 Laterne und allerlei Ladezeug mit 3 Mann Besatzung. Zwischen Berlinsturm und Wächterturm standen 9 Mann auf der Mauer. Im Wächterturm waren ebenfalls 3 Mann Besatzung mit 1 Büchse, 5 Pfund Pulver, 10 Kugeln, 1 Laterne, 1 Beil und Ladezeug bereit.[259]

Das Stadtregiment unterstützte die Armbrust- und Gewehrschützen, die als Schützengilde Schießübungen durchführte und für die Ausbildung der Bürger sorgte. Die Teilnahme an Freundschaftsschießen ist seit 1438 in Nürnberg urkundlich belegt.

Dinkelsbühl hielt 1459 ein solches Schützenfest ab. Der Bürger Urban Schnitzer gewann ein Jahr später in Augsburg den ersten Preis im Armbrustschießen. Ein anderes Festschießen fand 1473 zu Ehren des Markgrafen Albrecht, genannt Achilles, statt. Der Preis waren 15 Gulden. Die älteste Dinkelsbühler Schützenordnung ist die Musketenordnung von 1598.

Die Landarmee

Unter dem Schutz der Reichsstadt stand der Streubesitz mit Landuntertanen im Umkreis von ca. 15 km. Neben einigen Dörfern waren dies einzelne Höfe, Äcker, Wiesen und Wälder, Weiher und Mühlen. Die städtische Verteidigungspflicht war den Bauern aufgetragen und durch Ordnungen geregelt. Die Dinkelsbühler Güter lagen in Oettinger, Ansbacher, Ellwanger Land und mit Gütern weiterer adeliger und kirchlicher Herrschaften zusammen. Immer wieder kam es zu feindseligen Übergriffen, zum Niederbrennen und zur Verwüstung.

Drei Stadtreiter, bestehend aus einem Reiter in Rüstung, einem Knecht mit Armbrust und einem Knecht mit Spieß, streiften über Land. Sie sollten Raub verhindern und Täter verfolgen. *Hans von Kemmathen erhielt 1412 als „geschworener Diener" 100 Gulden Jahressold.*

Für die Organisation der rund 500 Bauernsoldaten, die in der ältesten erhaltenen Bauernordnung von 1495 genannt sind, war der Bauernvogt in der Stadt zuständig.[260] Ihm unterstanden damals 65 Bauern als Hauptleute. Er unternahm jährlich fünf Kontrollritte, um die Bewaffnung der Männer und einiger Witwen zu überprüfen. Jeder namentlich genannte hatte seine notierte Ausrüstung zur Inspektion mitzubringen. Dazu zählten Brustharnisch, Panzer, Brustschutz, Brüstlein, Halskragen, Sturmhaube, Häublein, Hut, Eisenhut, Handschuh, Messer, Langmesser, Beil, Wurfbeil, Bogen, Handbogen, Spieß, Langspieß, Hellebarde, Armbrust, Büchse und Degen.

Die Hauptleute schworen, ihr Amt getreulich auszuüben. Wenn sich jemand im Gebiet eines Hauptmanns in einem Dinkelsbühler Haus niederließ und „hinter die Stadt zog", sollte derjenige innerhalb von sechs Tagen in der Stadt seinen Eid schwören. Jeder neue Hausgenosse musste beim Einzug vom städtischen Grundherrn genehmigt werden. Die Hauptleute sollten, wenn sie „etwas Schädliches sehen oder hörten", ihre Rotten zusammenrufen. Wer von den Wehrpflichtigen nicht kam, wurde vom Ratsgericht abgestraft.

Auch jeder Bauer, der „hinter der Stadt sitzt", musste schwören, dem „Rat, der Stadt und den ihren" treu zu sein und zu dienen, ihren Nutzen zu fördern und Schaden abzuwenden. Er anerkannte das Ratsgericht ohne Widerspruchsrecht und durfte sich nicht ohne Ratserlaubnis in den Schutz einer anderen Herrschaft begeben. Die Anordnungen des Rats sollten getreu befolgt werden, seien sie durch den Bauernvogt, durch die Hauptleute oder sonstige Boten mitgeteilt. Schließlich sollte er seinem Hauptmann unverzüglich melden, wenn er etwas hören oder sehen würde, was „dem Rat, der Stadt oder den ihren schädlich wär".

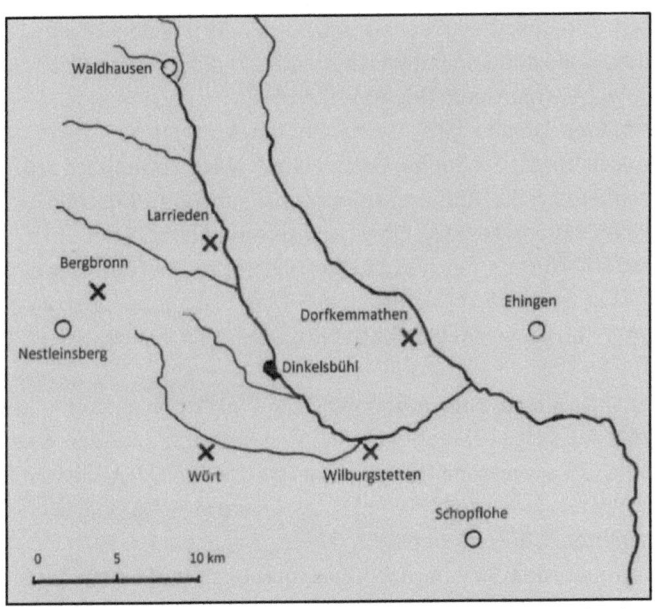

Die fünf Versammlungsorte „der gepawren auff dem lande, den harnisch geboten ist".

Die erste Inspektionsversammlung der Bauern war in Larrieden mit 20 Hauptleuten. Die Rotten (die angegebene Teilnehmerzahl schließt den Hauptmann ein) kamen aus Waldhausen (6), Zumhaus (4), Ungetsheim/Sperbersbach (4), Reichenbach (7), Tribur/Ziegenberg(Heiligenkreuz)/Hofstetten (13), Oberampfrach (3), Unterampfrach (12), Kühnhardt (5), Haundorf (5), Leukershausen/Waidmannsberg (5), Bergertshofen (14), Larrieden (12), Schopfloch (6), Mögersbronn/Herrnschalbach (4), Flinsberg/ Neuses/Labertswend/Sulzach (10), Dickersbronn/Köhlau/Lehenbuch (11), Hellenbach/Gersbronn/Lehengütingen/Lohe (zwei Hauptleute 21), Zwernberg/Wymanshof (Hinterhof?) (5), Waldhäuslein (6), Burgstall (8).

Zum zweiten Versammlungsort Bergbronn waren 14 Hauptleute mit ihren Rotten aufgerufen. Die Leute (die angegebene Teilnehmerzahl schließt den Hauptmann ein) kamen aus Gaisbühl/Schönbronn/Bräunersberg/ Veitswend/Röthendorf/Waldeck/Reuenthal/Neustädtlein (zwei Hauptleute 27), Bergbronn/Rötsweiler/Wermensperg (9), Waldtann/Halden/Wüstenau (12), Oßhalden/Ofenbach (8), Gerbertshofen/Nestleinsberg (zwei Hauptleute 6), Großenhub/Wäldershub (14), Krettenbach (10), Bernhardsweiler/Rötlein/Lautenbach/Rappenhof/Ketschenweiler/Rauenstadt (13), Ober- und Untermeißling/Ober- und Niederhard/Rain/Reichertsmühle/Hausersmühle/Buckenweiler (11), Seidelsdorf (8), Riegelbach/Markt Lustenau/Ober- und Unterstelzhausen/Weidelbach (13), Ober- und Unterradach (4).

Der dritte Ritt des Bauernvogts ging zum Dinkelsbühler Dorf Wört, wo sich 12 Hauptleute mit ihren Rotten sammelten. Die Leute (die angegebene Teilnehmerzahl schließt den Hauptmann ein) kamen aus Birkenzell/Eiberg (4), Dalkingen (10), Dambach/Schneiten/Oberzell/Riepach/Waldsee/Hagenbucher Hof (7), Wolfertsbronn/Schönbronn/Ober- und Unterteufstetten (zwei Hauptleute 15),Langensteinbach/Dürrenstetten (11), Sittlingen (5), Radwang/Diederstetten (8), Ober- und Unterwinstetten (5), Wört/Bösenlustnau/Grünstadt/Konradsbronn/Aumühle/Brombach/Kreuthof/Geer (zwei Hauptleute 34), Braitenbach (10).

Im vierten Versammlungsort, dem Dinkelsbühler Dorf Wilburgstetten, meldeten sich 11 Hauptleute mit ihren Rotten. Die Leute (die angegebene Teilnehmerzahl schließt den Hauptmann ein) kamen aus Wilburgstetten/Wittenbach (34), Sinbronn/Tiefweg/Botzenweiler/Karlsholz (22), Villersbronn (7), Illenschwang (13), Frankenhofen /Wörnitzhofen/Veitsweiler/Ruffenhofen/Irsingen/Klingen (12), Untermichelbach/Gelshofen/Bernhardswend (9), Greiselbach (7), Obermichelbach (9), Welchenholz (6), Unter- und Oberbronnen/Bergheim/Eck (7), Reuental (Freundstal?)/Knittelsbach/Aumul (Walkmühle) (9), Schopflohe im Rieß/Seglohe (1).

Der fünfte Ritt ging nach Dorfkemmathen („Underkempnaten"), wo sich 8 Hauptleute mit ihren Rotten trafen. Die Leute (die angegebene Teilnehmerzahl schließt den Hauptmann ein) kamen aus Dorfkemmathen (9), Oberkemmathen (9), Haslach (8), Witzmannsmühle/Schwaighausen auf der Leytaw/Erlmühle (1), Halsbach (7), Beyerberg/Burk (7), Ehingen (zwei Hauptleute 18), Ammelbruch/Dühren (17).

Die Staatsarmee

Für kleine kriegerische Unternehmungen außerhalb des Staatsgebiets standen der Reichsstadtrepublik ein, zwei Handvoll fest bestallter „Soldner" zur Verfügung und ein für Bündnis- und Reichsverpflichtungen nach Bedarf aufgestelltes Bürger- und Söldnerheer.

Im Vertrag des schwäbischen Städtebunds 1377 zur gegenseitigen Hilfe wird dies deutlich: Den Kern der reichsstädtischen Truppen bildeten schwerbewaffnete Reiter mit zwei berittenen Knechten. Anteilig mussten für je 100 Pfund Reichssteuer drei

„Spieße" gestellt werden. Dinkelsbühl dürfte demnach zur schwere Reiterei sechs Spießreiter sowie berittene Armbrustschützen geschickt haben. Neben Reitern wurden Fußknechte eingestellt.

Wenn der Kriegszug von einer Stadt ausging oder in ihrer Nähe stattfand, beteiligten sich die Bürger am Kampfgeschehen. In diesem Fall musste die Stadt auch für Lebensmittel und das Kriegsgerät sorgen.

Für die pflichtschuldige Heerfahrt bei Reichskriegen wurden für das Kontingent zusätzlich kurzfristig Truppenführer und Söldner angeworben und vereidigt. Sie schworen vor ihrem Auszug, die Anweisungen des als städtischen Oberbefehlshaber eingesetzten Ratsherrn zu befolgen.[261]

Militärische Reichsunterstützung leistete Dinkelsbühl bei den Hussitenzügen König Sigismunds 1421/22, 1426, 1430/31, beim Romzug König Friedrich III. 1451, beim Reichskrieg gegen Herzog Ludwig von Baiern 1462, beim Burgundischen Krieg 1474/75, beim Zug Maximilians nach Burgund 1476, im Reichskrieg gegen die flandrischen Städte 1488 und im Schweizer Krieg 1499.[262]

Für die 1475 angeworbenen Fußknechte hat sich im Stadtarchiv eine Aufstellung erhalten. In diesem Jahr waren es 88 Fußknechte. Sie erhielten ein gestaffeltes „Kostgeld": Die mit eigener Armbrust 8 Pfund, mit Büchse 5 Pfund und mit Hellebarde 4 Pfund. Wer eine städtische Waffe trug, bekam weniger. Im Wartestand bekamen sie jede Woche 2 Pfund zum Verzehren, im Kriegsfall wurden sie verköstigt und erhielten zusätzlich 4 Pfund Sold. Der Rat konnte jedem wöchentlich kündigen ohne weiter zu besolden, und wenn der Hauptmann kündigte, war man auch ihm nichts schuldig.

Von Krieg und Frieden
Politische Bündnisse und kriegerische Ereignisse

1281 Allgemeiner Landfrieden

Wegelagerer und Raubritter machten das Land unsicher. Um im Reich die Sicherheit herzustellen, ließ König Rudolf I. 1281 den vom letzten Stauferkaiser Friedrich II. erlassenen Landfrieden aufleben. Zeitlich begrenzte Bündnisse zwischen Adel, Reichsrittern und Reichsstädten sollten für Recht und Ordnung sorgen. Gute Zeiten für Kaufleute, Händler und Rompilger. Denn der Allgemeine Landfrieden machte Ladungen mit Lebensmitteln für die Stadt billiger, es durfte kein Wegegeld zum Ausbau von Brücken und Wegen erhoben werden.[263]
Erneuert wurde der Allgemeine Landfrieden 1310.

1307 Im Landfriedensbund für Schwaben

Neben dem Allgemeinen Landfrieden gründete König Albrecht I. 1307 zur Wahrung des Friedens den Landfriedensbund in Schwaben zwischen Fürsten, Grafen, Freien, Dienstmannen, Bürgern und anderen Getreuen. Mitglieder waren 22 Reichsstädte, unter anderem Nördlingen, Bopfingen, Feuchtwangen und Dinkelsbühl.
Von daher ist die chronikalische Überlieferung, die Reichsstadt Dinkelsbühl habe 1309 die Reichsstadt Feuchtwangen überfallen und großenteils niedergebrannt,[264] nicht haltbar.
Seit 1307 ist Dinkelsbühl regelmäßig Mitglied von Landfriedensbündnissen. Für die gegenseitige militärische Unterstützung hatte Dinkelsbühl Abgaben zu leisten und ein Truppenkontingent bereitzustellen.
Der Schwäbische Landfrieden wurde für wenige Jahre beschlossen, aber immer wieder erneuert: 1353, 1356, 1359, 1361 und 1370. Immer dabei waren auch die Grafen von Oettingen,[265] die sich gerne die Reichsstadt Dinkelsbühl einverleibt hätten.

1316 Dinkelsbühl und die Zerstörung Herriedens

Nach der Doppelwahl des Wittelsbachers Ludwig IV. (1314-1346) und des Habsburgers Friedrich „den Schönen" (1314-1330), kam es zu Auseinandersetzungen. Der Eichstätter Bischof Philipp, ein Gefolgsmann König Ludwigs IV., und Kraft von Hohenlohe, ein Gefolgsmann König Friedrichs, stritten um die Burg Wahrberg. Kraft von Hohenlohe saß dort widerrechtlich, und die Herrieder überfielen Kaufleute der Reichsstadt Nürnberg, die wie Dinkelsbühl zu König Ludwig stand.

Im Februar/März 1316 belagerte König Ludwig IV. vier Wochen lang die Stadt Herrieden. Dabei wird die Reichsstadt Dinkelsbühl geholfen haben. Die Mauern und Türme wurden zerstört, die Burg geschleift, nur die Kirche und die Häuser der Chorherren wurden verschont. Der König ordnete an, Herrieden nie wieder zu befestigen.[266]

1322 Schlacht bei Mühldorf

Zwischen beiden deutschen Königen kam es am 28. September 1322 bei Mühldorf zu einer Schlacht. Als Parteigänger König Ludwigs IV. schuldete Dinkelsbühl dem Stadtoberhaupt Heerfahrt und Heersteuer.

Der König dankte es der Stadt mit bedeutenden Privilegien 1323 und 1324 für „die stete Treue, die uns und dem Reiche die bescheiden Mann der Stadt und die Gemein der Bürger zu Dinckelspuhel, unser lieben Getreuen, gehabt haben".[267]

1353 Schwäbischer Landfrieden erneuert

Nach der 1351 selbst gezahlten Befreiung aus der Oettinger Pfandschaft konnte die Reichsstadt Dinkelsbühl wieder Vollmitglied des Schwäbischen Landfriedens werden. König Karl IV. errichtete 1353 in Ulm erneut einen Schwäbischen Landfrieden mit insgesamt 29 Reichsstädten. In einem Krieg zwischen den Städten oder Bürgern, sollten die drei nächst gelegenen Städte Boten senden. Würde die Schlichtung misslingen, sollte in Ulm ein Städtetag aller Mitglieder einberufen werden, um den Fall zu entscheiden.[268]

Die Städte waren in drei Gesellschaften eingeteilt, die sich zweimal im Jahr in Ulm trafen. Jedes Mitglied sandte dazu unaufgefordert einen Ratsherrn. Dinkelsbühl gehörte mit Augsburg, Ulm, Memmingen, Kempten, Kaufbeuren, Donauwörth, Nördlingen und Bopfingen zu einer Gesellschaft.[269] Jede Gesellschaft durfte Herren, Ritter und Knechte aufnehmen, nachdem sie den Eid auf den Landfrieden abgelegt hatten.

In der Satzung waren die Hilfsverpflichtungen genau festgelegt: Bei Raub, Gefangennahme, Mord und Brand griff bei frischer Tat die nächstgelegene Stadt ein. Versicherte sie eidlich, der Sache nicht Herr zu werden, konnte sie Nachbarstädte zur Hilfe auffordern. Genügte das nicht, schickten die Städte der betroffenen Gesellschaft Ratsherrn zu einem Treffen. Stellten sie eidlich fest, dass die Hilfe der betroffenen Gesellschaft nicht ausreichte, konnten die anderen Gesellschaften zur Hilfe aufgefordert werden.

Bei Truppenauszügen und Belagerung legten die Ratsgesandten fest, welche Städte ein bestimmtes Gerät bereitstellen und Geld vorstrecken sollten. Die Unkosten wurden letztlich von der betroffenen Gesellschaft getragen.[270]

1373 Dinkelsbühl brennt Oberkemmathen nieder

Als die Wittelsbacher ihre Rechte an der Mark Brandenburg an Kaiser Karl IV. 1373 verkauften, verpfändete er Dinkelsbühl mit anderen Reichsstädten für fast ein Jahr an die Baiern. Als deren Untertanen waren die Dinkelsbühler dabei, als die Burg in Oberkemmathen niedergebrannt und Leute, Rosse und Rinder auf die eigenen Güter geführt wurden.

Zunächst boten die Dinkelsbühler Hans von Kemmathen als Schadensersatz an, wenn er in die Stadt ziehen wolle, wäre er zehn Jahre lang von Wachdienst und Steuer befreit. Danach mussten sie den Schaden bezahlen. Jedenfalls beurkundete am 14. August 1374 Herzog Friedrich von Baiern als Dinkelsbühler

Stadtherr, dass die Stadt die ausgesprochene Strafsumme bezahlt habe. Hans von Kemmathen reichte das nicht, er klagte erneut. Da der Dinkelsbühler Rat Kunz Dürr bei Gericht die Unschuld Dinkelsbühls meineidig geschworen hatte, sprachen die Schöffen dem Kemmather am 4. Dezember 1374 weitere 100 Mark Silber zu.

1375 Niederschwäbische Städteeinung

Um den Erhalt des Landfriedens wurde immer wieder gerungen. Eine der Friedensbemühungen war die Niederschwäbische Städteeinung 1375. Der schlimmsten „Städtefeind", Graf Eberhard von Württemberg, war neuer Landvogt der Reichsstädte geworden. „Bürgermeister, Räte und Bürger" der Stadt Dinkelsbühl sowie 13 weitere Städte schlossen ein gegenseitiges Schutzbündnis, vorbehaltlich eines Widerrufs durch Kaiser Karl IV. Unter den benachbarten Mitgliedstädten waren Aalen, Schwäbisch Hall, Schwäbisch Gmünd, Nördlingen und Bopfingen. Obmann dieses Bündnisses war Graf Eberhard.

Unter anderem wurde festgelegt, dass die Mitglieder für 30 berittene Ritter oder schwerbewaffnete Reiter Herberge, Heu, Stroh und Holz zu geben hatten.[271]

1375 Bund von Landvögten mit dem Burggrafen von Nürnberg

Nicht unbedeutend war der Bund der Landvögte von Ober- und Niederschwaben mit dem Nürnberger Burggrafen Friedrich von Hohenzollern, der in der Reichsstadt Dinkelsbühl 1375 geschlossen wurde. Sie wollten Streitigkeiten ihrer Dienstleute gütlich austragen.[272]

Dieses Herrenbündnis wirkte für die Region um die Reichsstadt Dinkelsbühl befriedend: Ansbach war 1331 hohenzollerisch geworden, Gunzenhausen 1368, Wassertrüdingen 1371, und 1376 kam Feuchtwangen dazu.

1376 Spaltung des Städtebunds – Beginn des Städtekriegs

In der Region waren es die Hohenzollern, die Oettinger und Hohenloher, die ihre territorialen Ansprüche durchsetzen wollten. Zur Gegenwehr bildeten die Reichsstädte Bündnisse. Auch Dinkelsbühl wollte seinen Landuntertanen Rechtsschutz geben und sich ein über Mauern und Graben reichendes Territorium schaffen. So richteten sich die reichsstädtischen Bündnisse gegen alle, die ihre erlangten Rechte, Freiheiten und Gewohnheiten beschneiden wollten. Es begann der sogenannte 1. Städtekrieg bis 1389.

Kaiser Karl IV. hatte sich bei der Königswahl seines Sohnes Wenzel 1376 bei den Städten unbeliebt gemacht und die Angst vor einer Reichsentfremdung geschürt. Die selbstbewusst gewordenen Reichsstädte boten ihrem Oberhaupt die Stirn.

Unter der Führung der mächtigen Stadt Ulm hatten sich schwäbische Reichsstädte zu einem Schutzbündnis zusammengeschlossen. Einige, darunter Dinkelsbühl, huldigten jedoch am 28. Juli 1376 dem 15-jährigen Kaisersohn Wenzel als deutschen König. Die Furcht dem Territorium der Grafen von Oettingen einverleibt zu werden, war ebenso groß wie die Angst vor Verpfändung und widerrechtlicher Beschatzung durch den König.[273]

Auf Kaiser Karls IV. Aufforderung die Huldigung durchzuführen, antwortete man, er möge zuerst bestätigen, dass er sie nicht mit Schatzung, höherer Besteuerung, Verpfändung oder Verkauf schädigen wolle. Der Kaiser jedoch verlangte nicht nur die Auflösung des Städtebunds, sondern führte einen Kriegszug gegen seine Städte.[274]

1377 Beitritt zum Schwäbischen Städtebund

In Rothenburg gab Kaiser Karl IV. dann im Mai 1377 nach. König Wenzel I. kam mit dem Adel und den Städten wegen eines Landfriedens in Franken zusammen, er versöhnte sich mit dem Schwäbischen Städtebund.

Seine sieben treu gebliebenen Städte, die sich im Vorjahr nicht der „Missetat" gegen ihn, seinen Sohn und das Reich angeschlossen hatten, belohnte Kaiser Karl IV. am 1. Juni. 1377 Er bestätigte Dinkelsbühl die Rechte, Freiheiten und guten Gewohnheiten. Außerdem versprach er die herkömmliche Reichssteuer nicht zu erhöhen und die Stadt immer beim Reich zu halten und nicht zu versetzen. Immerhin gestattete er Heilbronn, Gmünd, Hall, Dinkelsbühl, Wimpfen, Weinsberg und Bopfingen einen eigenen Bund zu schließen und sich gemeinsam gegen Angriffe, Räuberei und Unrecht selbst zu helfen,[275] verbot ihnen aber, dem Schwäbischen Städtebund anzugehören. Dennoch traten Dinkelsbühl mit den sieben anderen Reichsstädten am 18. August 1377 dem Städtebund bei.[276]

1377 Erneuerung des Schwäbischen Städtebunds

Die Reichsstädte erneuerten 1377 den Bund, der sieben Jahre gelten sollte.[277] Die neue Satzung bestimmte den Beistand der Städte untereinander, gemeinsam fühlte man sich stark. Forderungen von Kaiser, König und von Reichs wegen, durften nur nach gemeinsamer Beratung beantwortet werden.

Drohte einer Stadt die Belagerung, mussten ihr nach Aufforderung drei Nachbarstädte sofort zu Hilfe eilen. Die Kosten trugen die Städte gemeinsam im Verhältnis ihrer Reichssteuer. Streitigkeiten untereinander sollten ohne Einmischung von außen von allen gemeinsam geschlichtet werden. Bei Verstößen gegen die Satzung war eine Buße angesetzt: Dinkelsbühl sollte für je 100 Pfund Heller Reichssteuer 200 Pfund Strafe bezahlen. Zu den Zusammenkünften musste ein Rat gesandt werden, blieb er aus, waren für Dinkelsbühl 20 Gulden Strafe fällig.[278]

1378 Dinkelsbühl steht Rothenburg bei

In den nachfolgenden Jahren traten dem „Bund in Schwaben" auch fränkische und bairische Städte und Adelige bei. So schloss sich die fränkische Reichsstadt Rothenburg am 17. Mai 1378 dem Bund an,[279] und forderte sogleich von Dinkelsbühl Beistand gegen die Herren von Seinsheim-Hohenkottenheim. Dinkelsbühl schickte am 30. Mai den „lieben Eidgenossen" Nördlingen, Rothenburg, Schwäbisch Hall und Bopfingen ein Schreiben, um sich in Kriegsangelegenheiten zu beraten. Zum Kriegszug Anfang Juni sollte Nördlingen 12 schwere Reiter und sechs berittene Armbrustschützen schicken,[280] Dinkelsbühl die seiner Reichssteuer entsprechende Anzahl.

1378 Städtekrieg gegen Würzburg und Hohenlohe

Im Juli 1378 zog Bischof Gerhard von Würzburg mit den Herren von Hohenlohe vor Rothenburg und verwüstete die dortigen Weinberge. Zwei Tage später kamen die Söldner des Städtebunds, zweifellos auch dinkelsbühlische, mit insgesamt 600 schweren Reitern und brannten bei Würzburg Höfe nieder und führten das Vieh nach Rothenburg. Danach bereiteten die Herren von Hohenlohe und der Bischof von Würzburg, der mit 120 Spießen dabei sein wollte, einen Gegenschlag vor.[281]

1379 Kriegserklärung an Hohenlohe und Versöhnung

Die Brüder Kraft, Gottfried und Ulrich von Hohenlohe hatten dinkelsbühlische Untertanen auf deren Gütern gefangen genommen oder zu eigenen Hintersassen gemacht. Außerdem wurde 1379 an den Zollstellen in Ingersheim und Jagstheim bei Dinkelsbühler Ware mehr als die übliche Gebühr verlangt. Daraufhin sandte die Reichsstadt Ulm im Auftrag des Schwäbischen Städtebunds am 1. April 1379 eine Kriegserklärung an die Gräfinmutter: „Um des großen Unrechts wegen, so Eure Söhne unseren Eidgenossen, denen von Rothenburg und Dinkelsbühl, getan haben und noch täglich tun, ... darum so können und mögen wir Euch fürbass nicht mehr schonen und wollen auch unsere Ehre damit gegen Euch und alle Eure Helfer und Diener wohl bewahrt haben."[282]

Dinkelsbühl wollte die Sache friedlich beilegen. Der Ratsherr Fritz Hofer einigte sich am 2. Juni mit dem Hohenloher Verwandten Burggraf Friedrich von Nürnberg: Die Dinkelsbühler

Untertanen wurden frei gelassen, die Abgaben zurückgezahlt, die Dinkelsbühler durften drei Jahre lang in Hohenloher Gebiet zollfrei ein- und ausfahren.

Ob die Belagerung des hohenlohischen Crailsheims durch Dinkelsbühl, Rothenburg und Schwäbisch Hall im Oktober 1379 *stattgefunden hat, ist nicht gewiss.*

1379 Städtekrieg gegen Oettingen

Zwischen den Grafen von Oettingen und den Reichsstädten Rothenburg und Nördlingen herrschte Feindschaft, obwohl sie seit Juni 1379 Verbündete und Eidgenossen waren. Im November sammelten sich in Augsburg 1400 schwere Reiter und 500 Fußknechte des Städtebunds. Es wurde ein Kriegszug ins Ries und weiter nach Franken unternommen. Vor allem bei Rothenburg zerstörten sie zahlreiche Dörfer und Burghäuser von Rittern und Kleinadeligen. Da sie sowieso schon verarmt waren, erlitten sie einen großen Schaden.

Der Landvogt konnte 1382 einen Waffenstillstand vermitteln,[283] *ein Schiedsgericht gegen Oettingen wurde 1386 eingesetzt.*

1381 Der Schwäbisch-Rheinische Städtebund

Für rund zehn Jahre verband sich 1381 der Schwäbische Städtebund, darunter Dinkelsbühl, mit Frankfurt, Mainz und Straßburg unter weiteren Reichsstädten „dem Reich zu Ehren und dem Land zu Nutzen und Frommen".[284]

Die schwäbischen Reichsstädte sagten zu, den rheinischen mit 218 schweren Reitern beizustehen, die rheinischen stellten dagegen 104 und versprachen, auf 130 zu erhöhen.[285]

Auf Franken dehnte sich der Schwäbisch-Rheinische Städtebund 1383/84 aus. Die schwäbischen Reichsstädte nahmen die fränkischen Reichsstädte Nürnberg, Windsheim und Weißenburg auf, die 22 Mann stellten.[286]

1383 Der Reichslandfrieden König Wenzels I.

Der Schwäbisch-Rheinische Städtebund beeinträchtigte die königliche Macht in Süddeutschland. König Wenzel I. folgte dem

Rat der Kurfürsten und wollte am 11. März 1383 in Nürnberg einen umfassenden Landfrieden errichten, der sich auf das ganze Reich erstreckte und bis 1395 gelten sollte. Von den Reichsstädten verlangte er dabei, ihre Bündnisse aufzulösen, weshalb sie dem Nürnberger Reichslandfrieden nicht beitraten. Der König forderte alle Fürsten, Grafen, Freie und Ritter auf, dieser Einung beizutreten und ihre Bündnisse mit den Reichsstädten aufzugeben.[287]

König Wenzel I. gelang es jedoch nicht, die Städtebündnisse zu beenden. Der schwer verschuldete Graf Ulrich von Hohenlohe verbündete sich 1384 mit allen seinen Vesten, Schlössern, Städten, Landen und Leuten mit dem Städtebund für zehn Jahre. Er verpflichtete sich mit 10 schweren Reitern auf eigene Kost und Schaden zu dienen.[288] Auf diese Weise war ein nahegelegener Widersacher Dinkelsbühls befriedet.

Ebenso verpflichtete sich der Ritter Hans von Seckendorf mit seiner Burg in Jochsberg (im Landkreis Ansbach), ein Jahr lang mit fünf schweren Reitern auf seine Kosten zu Hilfe zu kommen.[289] Im Kriegsfall konnte er zum Hauptmann berufen werden.[290]

1384 Die Heidelberger Stallung König Wenzels I.

Erneut versuchte König Wenzel I. 1384 einen Reichslandfrieden zu erreichen. In Heidelberg wurde die „Heidelberger Stallung" beschlossen.

Bei Angriffen auf Kaufleute, Fremdlinge, Landfahrer und Pilger, geistliche oder weltliche Leute sollen diejenigen, in deren Gebiet dies geschieht oder die am nächsten sind, bei frischer Tat einschreiten. Falls Hilfe notwendig war, sollten andere beistehen. Die Güter von Mitgliedern, Kirchen und der Geistlichkeit sollen – bis auf augenblicklich benötigte Nahrungsmittel – nicht geschädigt werden. Während der Bündnisdauer soll kein Mitglied Untertanen oder Eigenleute anderer Herrschaft aufnehmen.

Allen betroffenen Mitgliedern des Städtebunds, darunter auch Dinkelsbühl, befahl König Wenzel I. die Einung stets zu halten.[291] Die Städte erklärten sich einverstanden.

1387 Die Heidelberger Stallung wird erneuert

Auf königliches Geheiß wurde 1387 in Bad Mergentheim die Heidelberger Stallung zwischen den süddeutschen Fürsten und Reichsstädten bis 1390 erneuert. Jetzt bildete Dinkelsbühl zusammen mit den Reichsstädten Regensburg, Nürnberg, Nördlingen, Rothenburg, Windsheim, Schweinfurt, Weißenburg und Bopfingen den ersten Teil von vieren.[292]

Dieses Viertel stellte mit 396 schwer bewaffnete Reiter mit je zwei berittenen Knechten rund ein Drittel der „Spieße" des Bündnisses.[293] Die vier Hauptleute führten jeder zwei oder drei Pfeifer auf Stadtkosten mit. Die Stadtsöldner trugen als Kennzeichen schwarze Kreuze auf weißen Feldern und ebensolche Fähnlein an den Spießen.

1387/88 Feldzug gegen Baiern

Die am 5. November 1387 erneuerte Heidelberger Stallung zwischen Fürsten und Reichsstädten wurde von den baierischen Herzögen nicht eingehalten. Sie verwehrten den städtebündischen Kaufleuten das sichere Geleit.[294] Bei einem Treffen der Ratsboten Mitte Dezember in Ulm wurde ein Feldzug beschlossen. Man erklärte den Baiern am 17. Januar 1388 den Krieg. Über vier Tage sammelten sich die städtischen Truppen in Augsburg. Das Heer rückte nach dem bedrängten Regensburg vor und verwüstete bairische Märkte, Burgen und Dörfer. Als sich kein Feind sehen ließ, zog man sich nach Ulm zurück. Es schneite so stark, dass man schließlich die Truppen auflöste. Nachdem die Herzöge auch einem zweiten Schiedsspruch nicht nachkamen, flammte der bairische Städtekrieg erneut auf.[295]

1388 Die Schlacht bei Döffingen

Die Schlacht bei Döffingen 1388 endete für den Städtebund mit einem Desaster. Es war der letzte gemeinsame Krieg im ersten Städtekrieg 1376-1389. Von da an kam es zu kleineren Gefechten.[296]

Der Erzfeind der Städte, Graf Eberhard von Württemberg, bedrängte die Reichsstädte Esslingen und Reutlingen. Nach einer

Beratung in Ulm, hatte man Anfang August Truppen nach Esslingen geschickt und württembergisches Gebiet verwüstet. Dinkelsbühl war mit 12 Spießen dabei, was 12 schwer bewaffnete Reiter mit je zwei berittenen Knechten bedeutete.[297] Man zog in das Dorf Döffingen und stürmte den Kirchhof, wo sich Bauern mit ihrer Habe verschanzt hatten.

Unterdessen hatte Graf Eberhard Markgraf Rudolf von Baden und Herzog Ruprecht von der Pfalz zu Hilfe geholt. Auch andere alte Dinkelsbühler Widersacher, der Nürnberger Hohenzollern-Burggraf Friedrich und Bischof Gerhard von Würzburg, waren gekommen, ebenso die Grafen von Oettingen.

Bei Döffingen kam es am Sonntagmorgen am 24. August 1388 zum Kampf. Den 800 Spießen und 2 000 Fußkämpfern des Städtebunds standen 600 Spieße und 2 000 württembergische Bauern gegenüber. Zu Beginn wurden einige Hohe Herren und 60 Ritter und Edelknechte erschlagen, die Reihen der Adeligen lösten sich auf. Aber dann rief Graf Eberhard: „Die Feinde fliehen!", und griff erneut an. Die städtischen Söldner hingegen glaubten, ihre hinteren Reihen würden tatsächlich fliehen und wichen zurück. Vom Städtebund sollen 100 Mann auf dem Schlachtfeld, über 500 auf der Flucht getötet und etwa 400 gefangen worden sein.

1388 Dinkelsbühl brennt Feuchtwangen nieder

Gleich nach der katastrophalen Niederlage bei Döffingen, nahmen die Dinkelsbühler Rache am burggräflich-nürnbergischen Hohenzollernstützpunkt Feuchtwangen.[298] Die Stadt war keine Reichsstadt mehr, sondern seit 1376 südwestliche Bastion des Burggrafen. Überraschend griffen die Dinkelsbühler in der zweiten Septemberwoche 1388 Feuchtwangen an und brannten es nieder, die Stadtbefestigung wurde geschleift. Chronikalischen Berichten zufolge blieben nur die Kirchen und drei Stiftshäuser verschont.

Ein Brief aus Nürnberg vom 15. September 1388 bestätigt, dass „die von Dynkelspuhel" Feuchtwangen „dem Burggrafen ausgebrennt haben".[299]

1388 Dinkelsbühl brennt Wassertrüdingen nieder

Nachdem die Dinkelsbühler Feuchtwangen zerstört hatten, zogen sie wahrscheinlich weiter nach Wassertrüdingen, das seit 1371 ebenfalls den Nürnberger Burggrafen gehörte. Sie zündeten die Stadt an allen Ecken an und brannten sie bis auf die Kirche ab.[300]

Zumindest heißt es im Nürnberger Brief vom 15. September 1388 über die Dinkelsbühler, „sie und ander unser Eidgenossen um uns greifen die Herren fest an mit Brand und ander Sachen".[301]

1389 Beratung des Städtebunds in Mergentheim

Der Schaden der Städtekriegsjahre 1388/1389 war unbeschreiblich. Baiern, Schwaben, Franken und Elsass waren durch Raub und Brand verheert, sodass mehr Volk starb und verarmte als in den Jahrhunderten davor. Um zu überleben, zog die Landbevölkerung den Winter über in Städte und Burgen.

König Wenzel I. versuchte Ende Januar 1389 bei einem Treffen in Mergentheim, zwischen Adel und Städten zu vermitteln. Der Städtebund aber wollte mächtig bleiben. Die Reichsstädte vereinbarten am 28. Januar dort, für Krieg und Frieden die Hälfte des vertraglich vereinbarten Beitrags am 14. Februar zu zahlen.

Für das Bündnisviertel in Franken betrug die Summe 4 130 Gulden, davon fielen auf Dinkelsbühl 150, auf Rothenburg 400 und auf Nördlingen 600 Gulden.[302]

1389 Der Reichslandfrieden König Wenzels I. in Eger

Nach dem missglückten Versuch in Mergentheim kam es auch im März 1389 in Bamberg zu keiner Einigung mit den Reichsstädten. Erst im Mai auf dem Reichstag in Eger gelang es König Wenzel I., für Südwestdeutschland einen Reichslandfrieden zu schließen.

Das umfassende Friedensrecht hob alle Bündnisse auf, insbesondere den Städtebund, der gegen Gott und König gerichtet sei. Der Landfrieden sollte für sechs Jahre gelten. Aus fremder Herrschaft entflohene Eigenleute durften nicht reichsstädtisch werden.

Die Reichsstädte traten dem Egerer Landfrieden, der ihre Freiheit einschränkte, nur zögerlich bei, Dinkelsbühl spätestens im Juni.

1389 Kampf Dinkelsbühls bei Mönchsroth gegen Oettingen

Die Grafen Ludwig und Friedrich von Oettingen führten gegen die Reichsstadt Dinkelsbühl Gefechte. Am 22. Juni 1389 fügten sie in der Nähe der Reichsstadt Untertanen Schaden zu. Die Dinkelsbühler erwischten sie auf frischer Tat, verfolgten sie und holten sie beim Kloster Mönchsroth ein, das unter Oettinger Vogteischutz stand. Beim Kampf wurden auf beiden Seiten Leute „zu Tod erschlagen", die Oettinger wurden schließlich gefangen genommen und der Klosterpropst geschädigt.

Die Grafen behaupteten, nicht gewusst zu haben, dass Dinkelsbühl inzwischen dem Egerer Landfrieden König Wenzels I. beigetreten war. Man einigte sich, sie sicherten zu, „gut Freund" zu sein.[303]

1390 Die Städtefreundschaft umgeht den Egerer Landfrieden

Das Ziel König Wenzels I., den Städtebund der Reichsstädte zu beenden, missglückte. Der Egerer Landfrieden hielt nicht. Um das Bündnisverbot vom Mai 1389 zu umgehen, schlossen 13 schwäbische Reichsstädte, darunter Dinkelsbühl, am 25. Februar 1390 eine besondere Übereinkunft:[304] Die „Freundschaft", die ein Jahr gelten sollte, wurde zur Besserung des Egerer Landfriedens unter Bewahrung ihrer Ehre gegen König, Reich und den Landfrieden geschlossen.[305]

Die vom Adel weiter geschädigten Reichsstädte dachten nicht daran, bündnislos zu bleiben. Die geschlossene „Freundschaft"

wurde 1392 zur Sicherung ihrer Freiheiten von 15 Reichsstädten
zunächst auf zwei Jahre erneuert.[306]

Im Rahmen der Friedensbemühungen einigten sich die Freund-
schaftsstädte in Kirchheim Teck am 3. März 1390 in einem
Schiedsspruch mit dem Nürnberger Burggrafen Friedrich von
Hohenzollern.[307] Die Freundschaftsstädte mussten verschie-
dene Orte und Güter an Herrschaften zurückgeben und an die
Grafen von Oettingen 1 250 Gulden Wiedergutmachung zahlen.
Beide Seiten ließen Gefangene frei, geforderte und nicht be-
zahlte Schatzungen wurden für ungültig erklärt. [308]

1395/1396 Gegen die Schleglergesellschaft der Ritter

Trotz des Verbots Kaiser Karls IV. vom Juni 1372 war erneut eine
Rittergesellschaft gegründet worden. Die „Schleglergesell-
schaft" wollte sich gegen Landesherren zur Wehr setzen, aber
auch gegen die Reichsstädte vorgehen. Die Ritter schatzten und
beraubten 1395/1396 die Untertanen der Dreistädteherrschaft
Schwäbisch Hall, Rothenburg und Dinkelsbühl in Kirchberg und
Ilshofen: Ein Dutzend Hofstätten waren niedergebrannt worden oder lagen öde. Einige Ritter stellten sich.[309]

Die Ritter von Stetten, von Krense und von Frankenstein, die Ils-
hofen 1395 geschädigt hatten, beendeten ihre Fehde mit den
drei Städten. Ritter Heinrich Zehe aus Honhardt war gefangen
genommen und mit einem Knecht und 2 Pferden ins Rothenbur-
ger Gefängnis gesteckt worden. Er wurde 1396 mit der Auflage
entlassen, sich nach Aufforderung im Bürgermeisterhaus von
Schwäbisch Hall einzufinden und sogleich nur Wasser und Brot
zu sich zu nehmen. Bei nicht Erscheinen sollten seine Behausun-
gen in Jagstheim und Honhardt den Städten zufallen.[310]

1441 Dinkelsbühl steht Rothenburg bei

Im sogenannten 2. Städtekrieg 1440-1450 standen die Reichsstädte Schwäbisch Hall, Nördlingen und Dinkelsbühl der
Schwesterstadt Rothenburg gegen die Raubritter Wilhelm von

Elm und Balthasar von Geyer bei. Diese waren in das Rothenburger Gebiet eingefallen, hatten geraubt, niedergebrannt und mehrere Bauern verschleppt.

Man hatte vor, die beiden Schlösser Ingolstadt und Giebelstadt zu zerstören. In Rothenburg sammelten sich mehr als 1 500 Mann, alleine Rothenburg stellte 150 Reiter, 250 städtische Fußsoldaten und 800 Landuntertanen. Die Dinkelsbühler kamen mit 24 Reitern, aus dem vom Dreibund gemeinsam verwalteten Kirchberg und Ilshofen kamen 60 Mann. Das Fußvolk und die Ausrüstung wie Sturmleitern und Schirmschutz wurden auf 115 Wägen mitgeführt, Brot auf drei Wägen.

Am Sonntagfrüh, dem 22.Oktober 1441, wurden beide Schlösser gleichzeitig gestürmt, geplündert und in Brand gesteckt. Die Gefangenen von Elm und von Geyer, weitere drei Adelige und vier Hauptknechte wurden auf dem Rothenburger Marktplatz enthauptet. Die dort versteigerte Beute erbrachte 758 ½ Gulden, von denen an die Reiter 250 verteilt wurden, das Fußvolk erhielt 508 ½ Gulden.[311]

1450 Das Ende der Städtevereinungen

Die Vereinungen der Reichsstädte waren in der ersten Hälfte des 15. Jahrhunderts zur Machterhaltung notwendig gewesen. Nur im Schutz dieser Bündnisse konnte auch die Reichsstadt Dinkelsbühl ihre Freiheiten erhalten, die städtische Landmark und ihr staatliches Territorium ausbauen. So gelang es den Grafen von Oettingen und den Hohenzollern-Burggrafen von Nürnberg nicht, Dinkelsbühl unter ihre Landeshoheit zu bringen. Erst nachdem die 31 Mitglieder des Städtebunds 1450 beim Kloster Sulz eine zweite schwere Niederlage einstecken mussten, fanden die großen Städtebündnisse ihr Ende.[312]

1450 Schwere Niederlage des Bundes bei Kloster Sulz

Schwer bezahlten die Dinkelsbühler für ihre Teilnahme im Städtekrieg gegen den Hohenzoller-Markgrafen von Brandenburg Albrecht, den Ansbacher „Achilles".

Er führte gegen die Reichsstadt Nürnberg und deren 71 verbündeten Reichsstädte den einjährigen „Markgrafenkrieg". Durch den Kleinkrieg mit „Brand, Nahme und Plünderung" wurden mehrere hundert Ortschaften im heutigen Mittelfranken zerstört.

Die verbündeten Städte waren mit Plündern und Brennen von Donauwörth durchs Ries gezogen und sammelten sich mit 600 Pferden in Dinkelsbühl. Sie versorgten sich hier mit Verpflegung und Wein. In der Stadt blieben 150 Reiter, die anderen zogen in den Altmühlgrund, um markgräfliche Höfe niederzubrennen und das Vieh fortzutreiben.

Aurach zündeten sie am 14. April 1450 an. Als man es Markgraf Albrecht meldete, brach er kurz entschlossen mit 800 Reitern von Ansbach auf. Die völlig überraschten Städter flohen aus dem noch brennenden Aurach zur Sulzachfurt bei Baimhofen. Den Hauptleuten gelang es, ihre Fähnlein versteckt auf der Anhöhe westlich der Sulzach aufzustellen. Sie ließen den Markgrafen mit dem größten Teil seiner schweren Reiter den Fluss überqueren, dann jagten sie den Hang hinab in den ungeordneten Feind hinein. Der Kampf Mann gegen Mann fand im Raum Baimhofen/Bortenberg statt, und als sich einige markgräflichen Reiter zu einer Attacke sammelten, riefen die Städter: „Sie fliehen, sie fliehen!" Ihre Kameraden aber meinten, es wäre alles verloren und liefen davon. So berichtete es der markgräfliche Rat Ludwig von Eyb.

Die Markgräfler verfolgten die Reichsstädter bis zum Dinkelsbühler Stadtgraben und erstachen an die 200 Mann. Zu seiner besonderen Freude erbeutete Markgraf Albrecht fünf reichsstädtische Fahnen. Die Gefangenen wurden nach Ansbach abgeführt und „übel gespeist". Der Dinkelsbühler Bürgermeister

Seitz Berlin wurde verwundet, konnte sich aber mit seinen 16 „Stadtdienern" hinter die Stadtmauern retten.[313]

1456 Herzog Ludwig von Baiern belagert Dinkelsbühl

Herzog Ludwig von Landshut und Markgraf Albrecht von Ansbach hatten ein Freundschaftsbündnis geschlossen. Als zwölf Dinkelsbühler Söldner auf dem Gebiet des Herzogs im Sommer 1456 einen seiner „Diener" gefangen nahmen und in der Reichsstadt hängten, belagerte der Herzog mit 1 500 Pferden die Stadt.

Der Rat befürchtete eine „payerische Beschädigung", ließ den gehängten Landsknecht vom Galgen nehmen und ihn auf dem Pfarrfriedhof ehrlich begraben. Zudem mussten wegen des Briefwechsels in die herzogliche Kanzlei 12 Gulden gezahlt und dem Herzog ein Bußgeld von 100 Gulden überreicht werden, wie der Schreiber eintrug: „Item unserm Herren, Hertzog ludwigen von Bayern, auff Weihennechten Anno uf 57sten geschikt und bezahlt C guldin." Ferner bezahlte die Stadtkasse 19 Gulden 22 Pfennig für eineinhalb Zentner Fisch, „die unserm Herren, Markgraf Albrecht, geschenkt sind".

Der Schrecken bei dieser ersten großen Belagerung ist an den Rüstkosten ablesbar. Die Stadtkammer bezahlte unter anderem für 1 000 große und 500 kleine Pfeile und ließ vorsorglich 22 Armbrüste herrichten. Die vier Wächter vor den Toren und die drei auf der Veste erhielten für die Nacht 2 Pfund 10 Pfennig, „als die payerischen vor uns lagen". Auf dem Rathaus wurden derweil von den Herren bei der Krisensitzung für 3 Pfund 2 Pfennig „vertrunken".[314]

1488 Bündnis der Reichsstädte mit Fürsten

Die Reichsstädte Nördlingen, Hall und Dinkelsbühl berieten sich im Januar 1488 in Dinkelsbühl und beschlossen, den neuen Bund in Schwaben anzunehmen. Dem Hauptmann der drei

Städte werden 6 Pferde, den Räten 3 zu täglich je ½ Gulden angerechnet. Der Ausbau des Bundes schritt voran: Nach dem Esslinger Abschied vom Juli hatte Dinkelsbühl 9 Pferde und 80 Mann zu Fuß zu stellen. König Maximilian gebot, Erzbischof Bertold in den Bund aufzunehmen.

König Maximilian reiste 1489 nach Dinkelsbühl, um den Streit des Bundes, der Kurfürsten, Fürsten und Herren mit Jörg von Bayern beizulegen.

1498 Verlängerung des Bündnisses in Dinkelsbühl

Bis zum Ende des Mittelalters musste Dinkelsbühl mehrmals Kriegsvolk für das Reich bereitstellen. Eine Verlängerung des Bündnisses wurde am 15. September 1498 in Dinkelsbühl beschlossen.[315]

Quellen

AD = Alt-Dinkelsbühl, Zeitungsbeilage der Fränkischen Landeszeitung.
Datumsangabe = Tagesdatum des Lokalteils „Wörnitz-Bote".
JHVAD = Jahrbuch des Historischen Vereins Alt-Dinkelsbühl.
JHVM = Jahrbuch des Historischen Vereins für Mittelfranken.
StAD = Stadtarchiv Dinkelsbühl.
Schnurrer, L.: Urkunden = Schnurrer, L.: Die Urkunden der Stadt Dinkelsbühl, 1282-1450, 1960, 1451-1500, 1962.
Jahreszahlen ohne Hinweise und Endnote beziehen sich auf Urkunden des Stadtarchivs, verzeichnet bei L. Schnurrer.
Zitate sind teilweise angepasst.

[1] Böhmer, J. F.- Redlich, O.: Die Regesten des Kaiserreichs unter Rudolf ... 1273-1313, 1898, Nr. 317 a.
[2] Böhmer, J. F.- Redlich, O.: Die Regesten des Kaiserreichs unter Rudolf ... 1273-1313, 1898, Nr. 1375.
[3] Böhmer, J. F.- Redlich, O.: Die Regesten des Kaiserreichs unter Rudolf ... 1273-1313, 1898, Nr. 143. – Heckel: Rudolf von Habsburg in Dinkelsbühl; in: AD, 1928. – Schnurrer, L.: Deutsche Könige und Kaiser des Mittelalters in Dinkelsbühl; in: JHVM, 1960/61.
[4] Schuhmann, G.-Hirschmann, S.: Urkundenregesten Heilsbronn, 1132-1321, 1957, Nr. 173.
[5] Böhmer, J. F.: Regesten Kaiser Ludwigs des Baiern und seiner Zeit, 1839, Nr. 21.
[6] Schnurrer, L.: Deutsche Könige und Kaiser des Mittelalters in Dinkelsbühl; in: JHVM, 1960/61.
[7] Seida, Landenberg, Dingler: Historisch-statistische Nachrichten von der Königl. Baierischen Stadt Dinkelsbühl; in: Allgemeine Königlich-Baierische Vaterlandskunde, I, 1807. – Lang, Büttner, Knappe: Historische und statistische Beschreibung des Rezat Kreises, 2. Heft, Landgericht Dinkelsbühl, 1810.
[8] Arnold, G.: Eigennütziger Wohltäter seiner und des Reichs Stadt Dinkelsbühl - Zur Erinnerung an den 700. Geburtstag Kaiser Karls IV; in: AD, 2016.
[9] Lünig: Teutsches Reichsarchiv, Bd.13, 1714.
[10] Böhmer, J. F.-Huber, A.: Die Regesten des Kaiserreichs unter Kaiser Karl IV., 1877, Nr. 5222, 5224.
[11] Böhmer, J. F.-Huber, A.: Die Regesten des Kaiserreichs unter Kaiser Karl IV., 1877, Reichssachen, Nr. 597.
[12] Böhmer, J. F.-Huber, A.: Die Regesten des Kaiserreichs unter Kaiser Karl IV., 1877, Nr. 3271,Verzeichnis der Aufenthaltsorte Karl IV.
[13] Siehe dazu die Aufsatzsammlung von Rudolf Springholz und Gerfrid Arnold in: JHVAD 2013-2018, 2021.

[14] Heydenreuter, R.: Reichsstädtisches Recht; in: Reichsstädte in Franken, Aufsätze 1, 1987. – Borchardt, K.: Die Ratsverfassung in Rothenburg, Dinkelsbühl, Weißenburg, Windsheim und Schweinfurt; ebenda. Er meint dagegen, die Hochgerichtsbarkeit für Dinkelsbühl habe bis zum Privileg von 1309 der Reichslandrichter von Niederschwaben übernommen.

[15] Vertheidigte Territorial- und Jurisdiktionsgerechtsame der Kayserlichen Freyen Reichs-Stadt Dinkelsbühl ... wider ... Oettingen-Spielberg, 1755.

[16] Gabler, A.: Das oettingische Landgericht im Ellwanger Land und am Hesselberg; in: AD, 1978. – Gabler, A.: Wo lag Eberspeck? in: JHVAD, 1967/68. – Steichele, A.: Das Landkapitel Donauwörth, 1872, 560.

[17] Württembergisches Urkundenbuch, Bd. 10, 1909, Nr. 4668. – Dertsch, R.-Wulz, G.: Die Urkunden der fürstl. oettingischen Archive in Wallerstein und Oettingen, 1197-1350, 1959, Nr. 160.

[18] Böhmer, J. F. - Samanek, V.: Die Regesten des Kaiserreichs unter Adolf von Nassau, 1948, Nr. 612.

[19] Pietsch, F.: Die Urkunden des Archivs der Reichsstadt Schwäbisch Hall, 1156-1399, 1967, N 138.

[20] StAD. – Lünig, J. Chr.: Teutsches Reichsarchiv, Bd.13, 1714.

[21] Pfeiffer, F.: Statuten von Dinkelsbühl; in: Haupts Zeitschrift für deutsches Altertum, Bd. VII, 1848, 94 ff. – Reulein, W.: Das Dinkelsbühler Stadtrecht im Wandel der Zeiten; in: AD, 1951.

[22] StAD. – Dieses Siegel wird seit Mader, F.: Die Kunstdenkmäler von Mittelfranken IV, Stadt Dinkelsbühl, 1931, Fig. 5, irrig als Sekretsiegel bezeichnet.

[23] Vertheidigte Territorial- und Jurisdictionsgerechtsame der Kayserlichen Freyen Reichs-Stadt Dinkelsbühl ... wider ... Oettingen-Spielberg, 1755, Beilage IX.

[24] Reulein, W.: Das Dinkelsbühler Stadtrecht im Wandel der Zeiten; in: AD, 1951. – Pfeiffer, F.: Statuten von Dinkelsbühl; in: Haupts Zeitschrift für deutsches Altertum, Bd. VII, 1848, 94 ff. (Württembergische Staatsbibliothek Stuttgart, Handschrift).

[25] Mögelin, A. F.: Chronik der Stadt Dinkelsbühl, 1689-1734, Fotokopie, StAD.

[26] Schuld- und Pfandbuch, 1399-1443, 1403 Sept. 17, 1404 Mai 30, StAD.

[27] Arnold, G.: Dinkelsbühl. Eine mittelalterliche Stadt, 1988, 174. – StAD.

[28] Arnold, G.: Von der Stauferburg zum Haus der Geschichte Dinkelsbühl; in: Haus der Geschichte Dinkelsbühl, Historischer Verein Alt-Dinkelsbühl, Festschrift 2008.

[29] Arnold, G.: Handwerkeraufstand und Zunft in Dinkelsbühl. Zum 75-jährigem Bestehen des Zunftreigens; in: AD, 2003.

[30] Gabler, A.: Der Richtungsbrief von 1387; in: AD, 1987. Er sieht eine halbierte Interessenlage.

[31] Handwerk Färber: Schuld- und Pfandbuch, 1399-1443, 1430 Oktober 16; Handwerk Metzler und Bäcker: Stadtkammerrechnung, Ausgaben, 1437, fol. 82.

[32] Schuld- und Pfandbuch, 1399-1443, 1415 Februar 27, StAD.

[33] Schuld- und Pfandbuch, 1399-1443, 1415 August 10, StAD.

[34] Schuld- und Pfandbuch, 1399-1443, 1415 Februar 03, 1426 April 07, StAD.

[35] Schuld- und Pfandbuch, 1399-1443, 1416 November 03, 1423 Mai 10, 1424 Mai 14, 1424 Mai 29, 1425 September 27, 1426 September 28, 1427 April 19, 1430 August 19, StAD.

[36] Schuld- und Pfandbuch, 1399-1443, 1418 April 27, StAD .

[37] Stadtkammerrechnung, Ausgaben, 1437, fol. 72´bzw. 84; fol. 176, StAD.

[38] Richtungsbrief, 1387, Kopie des 16. Jh. mit Erweiterungen, StAD. – Genannt sind die Sechser auch bei der Schuster- und Lederzunft: Schnurrer, L.: Die Urkunden: 1439 U 777, 1445 U 851. – Ebenso genannt sind die Sechser in der Ledergerberordnung für Schuster und Gerber, 1487, StAD.

[39] Schmiede: Schuld- und Pfandbuch, 1399-1443, 1415 Februar 27, StAD; Schneider: Schuld- und Pfandbuch, 1399-1443, 1418 Juli 21, StAD; Weber: Schuld- und Pfandbuch, 1399-1443, 1430 August 19, StAD.

[40] Weber: Schuld- und Pfandbuch, 1399-1443, 1430 August 19, StAD.

[41] Bogenberger, W.: Die Dinkelsbühler Steuerliste von 1437; in: JHVAD, 1975/76. – Bogenberger, W.-Litak, F.: Statistik zur Steuerliste von 1437; in: JHVAD, 1977/79.

[42] Stadtkammerrechnung, Ausgaben, 1437, fol. 83, StAD.

[43] Richtungsbrief, 1387, Kopie des 16. Jh. mit Ergänzungen, StAD. – Drechsel, W.: Band I, 1587, 17 ff., StAD.

[44] Drechsel, W.: Bände, Bd. I, 1587, StAD. – Metzger, J. M.: Geschichte Bd. I, 44, Privatbesitz.

[45] Reulein, W.: Das Dinkelsbühler Stadtrecht im Wandel der Zeiten; in: AD, 1951.

[46] Arnold, G.: Dinkelsbühler Geldturm war in Wirklichkeit Zunftturm, 17.08.94.

[47] Historisch-statistische Nachrichten von der Königl. Baierischen Stadt Dinkelsbühl; in: Allgemeine Königlich-Baierische Vaterlandskunde, Bd. I, 1807, 375 f.

[48] Kammer-Amt Dinkelsbühl, IX , A 4, Nr. 39, StAD. – Akten des Polizei Commissariats Dinkelsbühl, A 4, Nr. 14, StAD.

[49] Übertragung des zünftigen Richtungsbriefs. Bogenberger, W.: Nachlass, StAD. – Abdruck bei Beck, L.: Beiträge zur Regiments- und Verfassungsgeschichte ..., 1886, 46 ff.

[50] StAD. – Weißbecker, H.: Wappenzeichnungen nach Siegeln im Archiv zu Dinkelsbühl; in: Vierteljahrsschrift für Heraldik ..., 1885. Er ergänzt die Umschrift irrig. Dies führt bei Reulein, W.: Das Wappen der Stadt Dinkelsbühl; in: JHVAD, 1963 zu einem falschen Schluss. Ebenso Ziegler, H.-U.: Die Siegel und Wappen der Reichsstädte; in: Reichsstädte in Franken, Aufsätze 1, 1987.

[51] Schnurrer, L.: Die Urkunden der Stadt Dinkelsbühl, 1960, Nr. 293, Abb. 2.

[52] Dertsch, R.-Wulz, G.: Die Urkunden der fürstl. oettingischen Archive in Wallerstein und Oettingen, 1197-1350, 1959, Nr. 67.

[53] Böhmer, J. F.- Redlich, O.: Die Regesten des Kaiserreichs unter Rudolf ... 1273-1313, 1898, Nr. 258.

[54] Böhmer, J. F.- Redlich, O.: Die Regesten des Kaiserreichs unter Rudolf ... 1273 - 1313, 1898, Nr. 2270.

[55] Böhmer, J. F.: Die Regesten des Kaiserreichs unter Albrecht I. und Heinrich VII., 1844, Nr. 251.

[56] Böhmer, J. F. - Huber, A.: Die Regesten des Kaiserreichs unter Kaiser Karl IV., 1877, Nr. 3767.

[57] StAD. – Dertsch, R.-Wulz, G.: Die Urkunden der fürstl. oettingischen Archive in Wallerstein und Oettingen, 1197-1350, 1959, Nr. 219.

[58] StAD. – Hörber, W.: Die Urkunden der Stadt Feuchtwangen, 1284-1700, 1979, U 3.

[59] Pietsch, F.: Die Urkunden des Archivs der Reichsstadt Schwäbisch Hall, 1156-1399, 1967, U 744.

[60] Arnold, G.: Schlierberg. Zur Siedlungsgeschichte des Stammorts der Dinkelsbühler Patrizierfamilie Schlierberger; in: AD, 1993.

[61] Salfeld, S.: Das Martyrologium des Nürnberger Memorbuches, 1898.

[62] Schnurrer, L.: Zur Geschichte der Juden in der Reichsstadt Dinkelsbühl; in: JHVM, 1967/68.

[63] Dertsch, R.-Wulz, G.: Die Urkunden der fürstl. oettingischen Archive in Wallerstein und Oettingen, 1197-1350, 1959, Nr. 519.

[64] Salfeld, S.: Das Martyrologium des Nürnberger Memorbuches, 1898.

[65] Monumenta Zollerana 8, Nr. 336.

[66] Schnurrer, L.: Die Urkunden der Reichsstadt Rothenburg,1182-1400, 1999, U 1879 ff.

[67] Arnold, G.: Dinkelsbühler Hauslexikon S-W, 2019. – Ders.: Das vergessene jüdische Bad, FLZ 22.02.22.

[68] Vischer, W.: Geschichte des schwäbischen Städtebundes der Jahre 1376-1389, 1862, Reg. 225.

[69] Vischer, W.: Geschichte des schwäbischen Städtebundes der Jahre 1376-1389, 1862, Reg. 230.

[70] Pietsch, F.: Die Urkunden des Archivs der Reichsstadt Schwäbisch Hall, 1156-1399, 1967, U 796. – Vischer, W.: Geschichte des schwäbischen Städtebundes der Jahre 1376-1389, 1862, Reg. 240. – Schnurrer, L.: Die Urkunden der Reichsstadt Rothenburg, 1182-1400, 1999, U 1952 (Juli 2).

[71] Vischer, W.: Geschichte des schwäbischen Städtebundes der Jahre 1376-1389, 1862, Reg. 243.

[72] Schnurrer, L.: Die Urkunden der Reichsstadt Rothenburg, 1182-1400, 1999.

[73] Schnurrer, L.: Die Juden in den kleineren fränkischen Reichsstädten; in: Reichsstädte in Franken, Aufsätze 2, 90. – Schnurrer, L.: Zur Geschichte der Juden in der Reichsstadt Dinkelsbühl, JHVM,1967/68, 170 ff.

[74] Schnurrer, L.: Zur Geschichte der Juden in der Reichsstadt Dinkelsbühl, JHVM, 1967/68, 170 ff.

[75] Diefenbacher, M.: Fränkische Reichsstädte und Deutscher Orden; in: Reichsstädte in Franken, Aufsätze 1, 1987. – Schnurrer, L.: Der Deutsche Orden in und um Dinkelsbühl; in: JHVAD, 1993-1997. Er datiert frühes 14. Jh.

146

[76] Juhnke, L.: Aus der Geschichte des Deutschordensamtes Dinkelsbühl; in: AD, 1951.

[77] Privilegienbuch, StAD, 46 f.

[78] Lünig, J. Chr.: Teutsches Reichsarchiv, Bd.13, 1714.

[79] Schnurrer, L.: Reichslandvogt Heinrich von Dürrwangen; in: JHVAD, 1985-1987.

[80] Vgl. Puchner, O.: Die Ortsnamen im Bezirksamt Dinkelsbühl ..., 1939, Nr. 144. Er führt die Bezeichnung abwegig auf einen französischen Burgnamen zurück.

[81] Bogenberger, W.: Vettersche Beschreibung des Oberamts Feuchtwangen, 1732; in: JHVAD, 68/70, 136.

[82] Schnurrer, L.: Die Urkunden, U 1667. – Die Muntschach-Weiher sind von den ebenfalls in diesen Urkunden genannten Weihern bei dem abgegangenen Ort Erlach (zwischen Mögersbronn und Sulzach) zu unterscheiden. Schnurrer schreibt „daran", während Hofmann „dann" überträgt. Hofmannn, B.: Die Teichwirtschaft der Reichsstadt Dinkelsbühl; in: JHVM, 1957.

[83] Vorhenweyergerechtsambe, Flurnamensammlung, StAD.

[84] StAD. – Gabler, A.: Alte Mark, ? 12.1972.

[85] Schnurrer, L.: Die Urkunden, U 1585.

[86] Hofmann, B.: Die Teichwirtschaft der Reichsstadt Dinkelsbühl; in: JHVM, 1957.

[87] Gabler, A.: Aus der Geschichte der Einöden um Dinkelsbühl; in: AD, 1991.

[88] Schnurrer, L.: Die Urkunden, U 829.

[89] Schnurrer, L.: Die Urkunden, U 1103.

[90] Schnurrer, L.: Die Urkunden, U 1606.

[91] Salbuch des Hospitals, 1470, LXXXVIIII, StAD.

[92] Schnurrer, L.: Die Urkunden, U 45, 51. – Gabler, A.: Die alamannische und fränkische Besiedlung der Hesselberglandschaft, 1961, 94 verlegt die „6 Gütlein" ins Muntschenfeld von Halsbach.

[93] Schnurrer, L.: Die Urkunden, U 112.

[94] Schnurrer, L.: Die Urkunden, U 739.

[95] Bogenberger, W.: Vettersche Beschreibung des Oberamts Feuchtwangen, 1732; in: JHVAD, 68/70, 136.

[96] Gabler, A.: Die alamannische und fränkische Besiedlung der Hesselberglandschaft, 1961, 94.

[97] Schnurrer, L.: Reichslandvogt Heinrich von Dürrwangen; in: JHVAD, 1985-1987.

[98] Vertheidigte Territorial- und Jurisdictionsgerechtsame der Kayserlichen Freyen Reichs-Stadt Dinkelsbühl ... wider ... Oettingen-Spielberg, 1755, Beilage XV, StAD.

[99] Neeser, Max: Baugeschichte der Stadt Dinkelsbühl I. Abschnitt, 1912.

[100] Das Exemplar des Historischen Vereins für Mittelfranken Ansbach ist um 1350 entstanden. – Gabler, A.: Das Urbar des Spitals zu Dinkelsbühl, Manuskript, mit Ortidentifizierungen, StAD.

[101] Rathgeb, A.: Auszüge aus den Lehensbüchern der Äbte und Pröbste von Ellwangen; in: AD, 1954.

[102] Weller, K.-Belschner, Chr.: Hohenlohisches Urkundenbuch III, 1351-1375, 1912, Nr. 347, 348.

[103] Beschreibung des Oberamts Ellwangen, Bd. II, 1886, 803. – Schnurrer, L.: Die Urkunden.

[104] Schnurrer, L.: Die Urkunden der Reichsstadt Rothenburg, 1182-1400, 1999, U 1915.

[105] Ulshöfer, K.: Die Interessengemeinschaft der Reichsstädte Rothenburg, Hall und Dinkelsbühl im ausgehenden 14. Jahrhundert; in: Reichsstädte in Franken, Aufsätze 1, 1987.

[106] Pietsch, F.: Die Urkunden des Archivs der Reichsstadt Schwäbisch Hall, 1156-1399, 1967, U 847, U851.

[107] Ulshöfer, K.: Die Interessengemeinschaft der Reichsstädte Rothenburg, Hall und Dinkelsbühl im ausgehenden 14. Jahrhundert; in: Reichsstädte in Franken, Aufsätze 2, 1987.

[108] Pietsch, F.: Die Urkunden des Archivs der Reichsstadt Schwäbisch Hall, 1156-1399, 1967, U 967.

[109] Ulshöfer, K.: Die Interessengemeinschaft der Reichsstädte Rothenburg, Hall und Dinkelsbühl im ausgehenden 14. Jahrhundert; in: Reichsstädte in Franken, Aufsätze 2, 1987. – Schnurrer, L.: Die Urkunden der Reichsstadt Rothenburg, 1182-1400, 1999, U 2466.

[110] Schultheiß, W.: Urkundenbuch der Reichsstadt Windsheim, 741-1400, 1963, Nr. 618. – Schnurrer, L.: Die Urkunden der Reichsstadt Rothenburg, 1182-1400, 1999, U 2471, 2475.

[111] Schnurrer, L.: Die Urkunden der Reichsstadt Rothenburg, 1182-1400, 1999, U 2677, U 2771.

[112] Schnurrer, L.: Die Urkunden, U 379. – Schnurrer, L.: Die Urkunden der Reichsstadt Rothenburg, 1182-1400, 1999, U 2830. – Pietsch, F.: Die Urkunden des Archivs der Reichsstadt Schwäbisch Hall, 1156-1399, 1967, U 1074. – Ulshöfer, K.: Regesten der Urkunden des Hospitals zum Heiligen Geist in der Reichsstadt Hall bis 1480, 1998, 336. – Ulshöfer, K.: Die Interessengemeinschaft der Reichsstädte Rothenburg, Hall und Dinkelsbühl im ausgehenden 14. Jahrhundert; in: Reichsstädte in Franken, Aufsätze 2, 1987, 270 ff. – Wunder, G.: Das Condominium der 3 Reichsstädte Rothenburg, Hall und Dinkelsbühl in Kirchberg a. J. 1390-1562; in: Jb. f. fränk. Landesgesch. 10, 1975, 109 ff.

[113] Dertsch, R.-Wulz, G.: Die Urkunden der fürstl. oettingischen Archive in Wallerstein und Oettingen, 1197-1350, 1959, Nr. 528.

[114] Hörber, W.: Die Urkunden der Stadt Feuchtwangen, 1979, 8.

[115] Dertsch, R.-Wulz, G.: Die Urk. der fürstl. oettingischen Archive in Wallerstein und Oettingen, 1197-1350, 1959, Nr. 569 b.

[116] Materialien zur Oettingischen ältern und neuern Geschichte, Bd. 1, 1771. – Steichele, A.: Das Bistum Augsburg historisch und statistisch beschrieben, Bd. 3, Das Landkapitel Dinkelsbühl, 1872, 252. – Böhmer, J. F.- Huber, A: Die Regesten des Kaiserreichs unter Kaiser Karl IV., 1877, Nr. 1405 f. – Endres, R.: Die Bedeutung des Reichsgutes und der Reichsrechte in der Territorialpolitik der

Grafen von Öttingen; in: JHVM, 1961. – Schnurrer, L.: Die Reichsstadt Dinkelsbühl im Zeitalter Karls IV.; in: JHVAD, 1980/82.

[117] Fickert, W.: Geldwesen, Kaufkraft und Maßeinheiten ..., 1989.

[118] Pfeiffer, F.: Statuten von Dinkelsbühl; in: Haupts Zeitschrift für deutsches Altertum, Bd. VII, 1848, 94 ff. – Beck, L.: Beiträge zur Regiments- und Verfassungsgeschichte der ehemals freien Reichsstadt Dinkelsbühl, 1886, 11. – Reulein, W.:
Das Dinkelsbühler Stadtrecht im Wandel der Zeiten; in: AD, 1951.

[119] Arnold, G.: 600 Jahre „Statuta Dinkelsbühliana", 30.12.1993.

[120] Schnurrer, L.: Die Reichsstadt Dinkelsbühl im Zeitalter Kaiser Karls IV.,
JHVAD, 1980/82, 90.

[121] Regesta Boica XI, 119.

[122] Böhmer, J. F.- Redlich, O.: Die Regesten des Kaiserreichs unter Rudolf ...
1273-1313, 1898, Nr. 953.

[123] Schnurrer, L.: Die Urkunden, U 136. – Böhmer, J. F.-Huber, A.: Die Regesten
des Kaiserreichs unter Kaiser Karl IV., 1877, Nr. 2324 ff.

[124] Privilegienbuch, StAD.

[125] Arnold, G.: Dinkelsbühl kämpft um Gerichtshoheit, 31.03.94.

[126] Gabler, A.: Ritt um das Hoheitsgebiet der Stadt, 22.08.81. – Arnold, G.: Der
Fraischritt; in: Dinkelsbühl. Eine mittelalterliche Stadt, (1988), 86 ff.

[127] Gabler, A.: Neuer Fund in altem „Hausbok", 13.03.1976.

[128] Arnold, G.: Unabhängigkeit stand auf dem Spiel, 04.12.1993.

[129] Weller, K.-Belschner, Chr.: Hohenlohisches Urkundenbuch, 1351-1375,
1912, Nr. 180.

[130] (Uhlich, W.): Mittelalterlicher Knüppeldamm als Zeuge der Geschichte
entdeckt, 06.12.1994.

[131] Böhmer, J. F.- Huber, A: Die Regesten des Kaiserreichs unter Kaiser Karl IV.,
1877, Nr. 1614.

[132] Schnurrer, L.: Die Urkunden, U 129, 130, 131. – Böhmer, J. F.-Huber, A: Die
Regesten des Kaiserreichs unter Kaiser Karl IV., 1877, Nr. 1670 f.

[133] Philipp, K.: Freiheitsbrief über das Öttingische Geleit; in: AD, 1959.

[134] Stadtkammerrechnung , Einnahmen, 1437, 7 ff., StAD.

[135] Stadtkammerrechnung, Einnahmen, 1437, fol. 1, 1´, StAD.

[136] Schuld- und Pfandbuch, 1399-1443, 26´, 27, StAD.

[137] Reulein, W.: Das Heiliggeistspital zu Dinkelsbühl, 1974, 47.

[138] Schuld- und Pfandbuch, 1399-1443, 1425 Juni 28, StAD.

[139] Stadtkammerrechnung , Ausgaben, 1437, 7 ff., 81 ff., 133, StAD.

[140] Lünig, J. Chr.: Teutsches Reichsarchiv, Bd.13, 1714. – Vertheidigte Territorial-
und Jurisdictionsgerechtsame der Kayserlichen Freyen Reichs-Stadt Dinkelsbühl ... wider ... Oettingen-Spielberg, 1755.

[141] Gluth, P.: Dinkelsbühl, Die Entwicklung einer Reichsstadt, 1958, 77 f.

[142] Lünig, J. Chr.: Teutsches Reichsarchiv, Bd. 13, 1714.

[143] Gluth, P.: Dinkelsbühl, Die Entwicklung einer Reichsstadt, 1958, 78 f.

[144] Gluth, P.: Dinkelsbühl, Die Entwicklung einer Reichsstadt, 1958, 61 ff. –
Arnold, G.: Königliches Privileg für die Tuchmacher, 03.09.1993.

[145] Schnurrer, L.: Die Urkunden.

[146] Schuld- und Pfandbuch, 1399-1443, 1399 Juli 29, StAD.

[147] Schuld- und Pfandbuch, 1399-1443, 1407 Juli 13, StAD.

[148] Gluth, P.: Dinkelsbühl, Die Entwicklung einer Reichsstadt, 1958, 63 ff.

[149] Stadtkammerrechnung Einnahmen, 1437, fol. 19′, 24′, StAD.

[150] Schuld- und Pfandbuch, 1399-1443, StAD.

[151] Gluth, P.: Dinkelsbühl, Die Entwicklung einer Reichsstadt, 1958, 71 ff.

[152] Schuld- und Pfandbuch, 1399-1443, StAD.

[153] Schuld- und Pfandbuch, 1399-1443, StAD.

[154] Böhmer, J. F.: Regesten Kaiser Ludwigs des Baiern und seiner Zeit, 1839, Nr. 752 u.a.

[155] Dertsch, R.-Wulz, G.: Die Urkunden der fürstl. oettingischen Archive in Wallerstein und Oettingen, 1197-1350, 1959, Nr. 519.

[156] Pietsch, F.: Die Urkunden des Archivs der Reichsstadt Schwäbisch Hall, 1156-1399, 1967, U 446. – Böhmer, J. F.-Huber, A.: Die Regesten des Kaiserreichs unter Kaiser Karl IV., 1877, Nr. 4165.

[157] Vischer, W.: Geschichte des schwäbischen Städtebunds 1376-1389, 1862.

[158] Böhmer, J. F.-Huber, A.: Die Regesten des Kaiserreichs unter Kaiser Karl IV., 1877, Reichssachen, Nr. 566 a.

[159] Böhmer, J. F.-Huber, A.: Die Regesten des Kaiserreichs unter Kaiser Karl IV., 1877, Nr. 5177 ff., 5183.

[160] Ruser, K.: Die Urkunden und Akten der oberdeutschen Städtebünde, 1347-1380, Bd. 2, Teil 2, 1988, Bündnisse der Reichsstädte in Schwaben, Reg. 1192, 1200. – Regesta Boica IX, 298. – Vischer, W.: Geschichte des schwäbischen Städtebundes der Jahre 1376-1389, 1862, Reg. 74.

[161] Steichele, A.: Das Bistum Augsburg historisch und statistisch beschrieben, Bd. 3, Das Landkapitel Dinkelsbühl, 1872, 252.

[162] Stadtkammerrechnungen, 1437 nur 12 %, StAD.

[163] Originalurkunde, StAD. – Schnurrer, L.: Die Urkunden.

[164] Weinordnung, 1516, Bierbrauerordnung, 1544-1601, StAD.

[165] Kreutzer, H.: Alte Maße und Gewichte in Mittelfranken; in: JHVM, 1971/72, 301 ff.

[166] Böhmer, J. F.: Regesten Kaiser Ludwigs des Baiern und seiner Zeit, 1. Ergänzungsheft, 1841, Nr. 2784.

[167] Privilegienbuch I, fol. 16, StAD.

[168] Ordnung der vier Vierteil, StAD. – Arnold, G.: Chronik Dinkelsbühl, Mauern und Türme, 2014.

[169] N.N.: Dinkelsbühler Artillerie im Jahre 1461 (nach Metzger); in: AD, 1916. – Arnold, G.: Chronik Dinkelsbühl 5, Mauern und Türme, 2014.

[170] Arnold, G.: Dinkelsbühler Hauslexikon N-R, 2018, 129 ff.

[171] Schnurrer, L.: Die Urkunden. – Kopialbuch des Hospitals, 15. Jh., 155, StAD.

[172] Neeser, M.: Baugeschichte der Stadt Dinkelsbühl II, Manuskript, 1914, 63 ff., 69 ff., StAD. – Arnold, G.: Wörnitzbrücke feiert heute 650. Geburtstag, 09.04.1994.

[173] Gluth, P.: Dinkelsbühl, Die Entwicklung einer Reichsstadt, 1958, 97. – Schnurrer, L.: Die Urkunden.

[174] Lünig, J. Chr.: Teutsches Reichsarchiv, Bd. 13, 1714. – Schnurrer, L.: Die Urkunden.

[175] Böhmer, J. F. - Huber, A.: Die Regesten des Kaiserreichs unter Kaiser Karl IV., 1877, Nr. 5945 f.

[176] Bogenberger, W.: Fundberichte, JHVAD 1971/74, 4.

[177] Arnold, G.: Chronik Dinkelsbühl 5, Mauern und Türme, 2014.

[178] Steichele, A.: Das Bistum Augsburg historisch und statistisch beschrieben, Bd. 3, Das Landkapitel Dinkelsbühl, 1872, 479, 507. – König, H.-J.: Die Geschichte der Pfarrei Segringen; in: AD, 1958.

[179] Schnurrer, L.: Zur Geschichte des Klosters Mönchsroth; in: JHVAD, 1993-1997.

[180] Arnold, G.: Zur Frühgeschichte des Münsters St. Georg in Dinkelsbühl 1142-1448; in: AD, 2001

[181] Maße nach Bogenberger, W.: Fundberichte: Grabung in St. Georg; in: AD, 1977/79. – Eschenbacher, H.-Schütte, H.: Zur Baugeschichte von St. Georg; in: 500 Jahre St. Georg in Dinkelsbühl, 1999, 11 f. erwähnen die seitlichen Strebepfeiler nicht. Ihre Zeichnung der Sakristei entspricht nicht Bogenbergers Baubefund; zur Datierung s. u.

[182] Maße nach: Bogenberger, W.: Fundberichte. Grabung in St. Georg; in: AD, 1977/79. – Eschenbacher, H. - Schütte, H.: Zur Baugeschichte von St. Georg; in: 500 Jahre St. Georg in Dinkelsbühl, 1999, 13 f. zeichnen die seitlichen Strebepfeiler nicht ein; die Sakristei reicht m. E. unter die heutige.

[183] Baumhartner, A.: Überraschender Fund: Alter Brennofen voll Töpfe, 10.10.1960.

[184] Bürckstümmer, Chr.: Waldenser in Dinkelsbühl; in: Beiträge zur Bayerischen Kirchengeschichte, 1913, 272 ff. – Schnurrer, L.: Die Urkunden. – Arnold, G.: Vor 600 Jahren: Ketzerprozess in Dinkelsbühl, 15.11.93.

[185] Gabler, A.: Wann begann der Kirchenbau zu St. Georg? 20.04.1986. – Arnold, G.: Erst im dritten Anlauf wurde Münster tatsächlich gebaut, 17./18.04.1999.

[186] Helmberger, W.: Architektur und Baugeschichte der St. Georgskirche zu Dinkelsbühl, 1984.

[187] Arnold, G.: Zwischen Mittelalter und Neuzeit: Die älteste Ost-Sonnenuhr Europas mit einzigartiger Doppelskala am Münster St. Georg in Dinkelsbühl; in: AD, 2009.

[188] Schnurrer, L.: Die Urkunden. – Bogenberger, W.: Salbuch von 1530 der Pfarrei St. Georg und ihrer Kaplaneien, JHVAD, 1971/74, 67 ff.

[189] Schnurrer, L.: Beiträge zur Baugeschichte Dinkelsbühls und seiner Umgebung aus Rothenburger Quellen; in: JHVAD 197576, 15 (Akten des Bauamts, A 1236, fol. 82).

[190] Arnold, G.: Chronik Dinkelsbühl 5, Mauern und Türme, 2014.

[191] Schnurrer, L.: Die Urkunden. – Reulein, W.: Das Heiliggeistspital zu Dinkelsbühl, 1974. – Steichele, A.: Das Bistum Augsburg historisch und statistisch be-

schrieben, Bd. 3, Das Landkapitel Dinkelsbühl, 1872. – Schnurrer, L.: Zur Geschichte der weltlichen und geistlichen Verfassung und Verwaltung des Dinkelsbühler Spitales im Mittelalter; in: JHVAD, 1965. Er meint, der Elisabethenaltar habe in der Spitalkirche gestanden.

[192] Arnold, G.: Erst jetzt eine alte Inschrift entdeckt, 30.09.1999.

[193] Arnold, G.: Evangelische Kirchen in Dinkelsbühl, 2011.

[194] Arnold, G.: Die Abendmahlsaltäre in Heiliggeist und St. Georg von 1537 - Zwei Schrift-Bild-Altäre der frühen protestantischen Altarbaukunst in Dinkelsbühl, 2011.

[195] Greiner, J.: Die Dreikönigskapelle am Segringer Tor, AD, 1924, Nr. 3. – Schnurrer, L.: Das Benefizium „der hailigen dreier Kunig", 06.01.1959. – Bogenberger, W.: Die Dreikönigspflege in Dinkelsbühl, Beilage zum Jahresbericht des Gymnasiums Dinkelsbühl, 1966/67.

[196] Meldung, 08.10.1955.

[197] Neeser, M.: Baugeschichte III, Manuskriptsammlung, StAD.

[198] Schnurrer, L.: Die Urkunden. – Ritter, F.: Die St. Georgskirche in Dinkelsbühl, (1912), 32 f.

[199] Salbuch St. Georg, 1528/1530, fol. 205´, StAD.

[200] Arnold, G.: Dreikönigskult geht auf Überführung der Gebeine 1164 nach Köln zurück, 06./07.01.2000.

[201] Stiefenhofer, D.: Die Karmeliterkirche in Dinkelsbühl von 1729-1839; in: AD 1932 (Diarium Conventus Dinckelsbühlani, Kath. Pfarrarchiv).

[202] StAD.

[203] Gabler, A.: Zur Frühgeschichte des Karmelitenklosters in Dinkelsbühl, in: AD, 1983. – Schnurrer, L.: Die Urkunden.

[204] Befundaufnahme St. Paul, Landesamt für Denkmalpflege Nürnberg, 1992. – Humbser, G.: 150 Jahre St. Paulskirche Dinkelsbühl, (1993).

[205] Arnold, G.: Chronik Dinkelsbühl 5, Mauern und Türme, 2014.

[206] Steichele, A.: Das Bistum Augsburg historisch und statistisch beschrieben, Bd. 3, Das Landkapitel Dinkelsbühl, 1872, 308.

[207] Milendunck-Chronik, Karmelitenbücher, Stadtarchiv Frankfurt. – Martini, C.: Der deutsche Karmel, Bd. 2. Die oberdeutsche Provinz, 1922/1926.

[208] Merian, M: Der Schwaben Vormauer wider Franken; in: Topographia Sveviae, 1643.

[209] Siehe zu den Darstellungen dieser Sage: Arnold, G.: Die Stadt in alten Berichten; in: Chronik Dinkelsbühl, Bd. 1. – Ders.: Der Dinkelbauer; in: Hinter der Teufelsmauer, 1999, 22 ff., Anhang, 234.

[210] Arnold, G.: Villa Dinkelsbühl. Zur Lokalisierung des karolingischen Königshofes; in: AD, 1995.

[211] Gabler, A.: „Alte Kapelle" der Karmeliten, 28.04.1976.

[212] Arnold, G.: Der Dinkelbauer; in: Dinkelsbühl, (1988), 45 f.

[213] Bogenberger, W.: Die Jahre 1632 bis 1634 aus der Sicht eines Dinkelsbühlers; in: JHVAD, 1983/84.

[214] Gabler, A.: Darstellungen des Dinkelbauern und seiner Embleme; in: AD, 1996.

[215] Meyer, H.: Jacob Strobel schuf die große Dinkelbauerfigur; in: AD, 1996.

[216] Arnold, G.: Christoph von Schmids vergnügliche und erbauliche Jugend in Dinkelsbühl, 1990, 52.

[217] Reulein, W.: Die armen Sondersiechen zu St. Leonhard in Dinkelsbühl; in: AD, 1995.

[218] Arnold, G.: Entstehung und Niedergang der evangelisch-lutherischen Staatskirche de Reichsstadt Dinkelsbühl; in: AD 2005.

[219] Salbuch St. Georg, 1528/1530, fol. 124. – Schnurrer, L.: Die Urkunden.

[220] Arnold, G.: Entstehung und Niedergang der evangelisch-lutherischen Staatskirche de Reichsstadt Dinkelsbühl; in: AD 2005.

[221] Urkunde vom 16.10.1415, StAD.

[222] Greiner, J.: Das Dorf Kemmathen und seine Beziehung zur Reichsstadt Dinkelsbühl; in: AD 1913. – Steichele, A.: Das Bistum Augsburg historisch und statistisch beschrieben, Bd. 3, Das Landkapitel Dinkelsbühl, 1872.

[223] Greiner, J.: Das Dorf Kemmathen und seine Beziehung zur Reichsstadt Dinkelsbühl; in: AD 1913.

[224] Gabler, A.: Die Dinkelsbühler Seelhäuser; in: AD, 1983.

[225] Ritter, F.: Die St. Georgskirche in Dinkelsbühl, (1912), 4, Anm. – Schnurrer, L.: Die Urkunden.

[226] Ritter, F.: Die St. Georgskirche in Dinkelsbühl, (1912), 4, Anm. – Schnurrer, L.: Die Urkunden.

[227] Reulein, W.: Das Heiliggeistspital zu Dinkelsbühl, 1974. – Schnurrer, L.: Zur Geschichte der weltlichen und geistlichen Verfassung und Verwaltung des Dinkelsbühler Spitales im Mittelalter; in: JHVAD, 1965.

[228] Gabler, A.: Zur Geschichte der Landwirtschaft in unserer näheren Heimat; in: AD, 1995. – Verpachtung der Hospitalmeierei (nach Metzger, J. M.: Beyträge zur Geschichte von Dinkelsbühl und der Nachbarschaft ..., Bd. 3, 1822-1829); in: AD, 1919.

[229] Reulein, W.: Das Heiliggeistspital zu Dinkelsbühl, 1974, 13 f.

[230] Schnurrer, L.: Die Urkunden. – Steichele, A.: Das Bistum Augsburg historisch und statistisch beschrieben, Bd. 3, Das Landkapitel Dinkelsbühl, 1872, 297 f.

[231] Reulein, W.: Das Heiliggeistspital zu Dinkelsbühl, 1974, 14.

[232] Pietsch, F.: Die Urkunden des Archivs der Reichsstadt Schwäbisch Hall, 1156-1399, 1967, N 138. – Württembergisches Urkundenbuch, Bd. 10, 1909, Nr. 4678.

[233] Schnurrer, L.: Die Urkunden der Reichsstadt Rothenburg, 1182-1400, 1999, U 331.

[234] Spitalsalbuch 1470, StAD.

[235] Stadtarchiv Dinkelsbühl.

[236] Urkunde, StAD.

[237] Schnurrer, L.: Die Urkunden. – Steichele, A.: Das Bistum Augsburg historisch und statistisch beschrieben, Bd. 3, Das Landkapitel Dinkelsbühl, 1872, 297 f.

[238] Reulein, W.: Das Heiliggeistspital zu Dinkelsbühl, 1974.

[239] Steichele, A.: Das Bistum Augsburg historisch und statistisch beschrieben, Bd. 3, Landkapitel Dinkelsbühl, 1872, 301. – Schnurrer, L.: Die Urkunden.

[240] Schnurrer, L.: Die Urkunden. – Ritter, F.: Dinkelsbühler Wohltätigkeitshäuser bis zum Ausgang des Mittelalters; in: AD, 1913.

[241] Greiner, J.: Alte Dinkelsbühler Badstuben und Bäder; in: AD 1921. – Schuld- und Pfandbuch, 1399-1443, 1436 Juli 12, StAD.

[242] Arnold, G.: Dinkelsbühler Hauslexikon N-R, 9 f.

[243] Schuld- und Pfandbuch, 1399-1443, 1421, StAD.

[244] Feuerordnung, 1533, StAD.

[245] Arnold G.: Christoph von Schmids Jugend in Dinkelsbühl, 1990, 52 ff, 106 ff.

[246] Arnold, G.: Zur Frühgeschichte des Münsters St. Georg in Dinkelsbühl 1142-1448; in: AD, 2001.

[247] Schnurrer, L.: Zur Geschichte der höheren Schulen in Dinkelsbühl im 19. Jahrhundert, Beilage zum Jahresbericht der Oberrealschule mit Gymnasium Dinkelsbühl, 1963/64, 3.

[248] Arnold, G.: Die Kinderzeche. Dinkelsbühl Geschichte light. 2022.

[249] Bürckstümmer: Dinkelsbühler auf Universitäten; in: AD, 1921. – Schnurrer L.: Dinkelsbühler Studenten an den Universitäten Wien, Leipzig, Altdorf, Jena und Erlangen; in: JHVAD, 1966, 41.

[250] Neeser, M.: Baugeschichte III, Manuskriptsammlung, 439 ff., u.a. mit Antwort des Wiener Dombau-Vereins 1925, StAD. – Neeser, M.: Hausfreund 1911, 83. – S.a.: AD, 1918, 19; AD, 1924, 20 ff. – Dudik, B.: Des Deutschen Ritterordens Münzsammlung in Wien, Bd. 6, 1858, 72.

[251] Arnold, G.: Durch Zufall nach Österreich berufen, 15.03.2002.

[252] Künßberg, H.: Nikolaus von Dinkelsbühl; in: AD, 1918. – Schnurrer, L.: Nikolaus von Dinkelsbühl; in: AD, 1955. – Arnold, G.: Gedenktafel für das „Licht Schwabens", 29./30.09. 2001. – Baumhartner, A. (Vortrag von Springholz, R.): Bedeutender Gestalter seiner Zeit, 07.11.2001. – Freundliche Mitteilungen von Prof. R. Springholz, Sprecher der Klassengemeinschaft.

[253] Vock, W.-Wulz, G.: Die Urkunden der Stadt Nördlingen, 1400-1435, 1965, Nr. 2511.

[254] Schuld- und Pfandbuch, 1399-1443, 1415 April 07, StAD.

[255] Schnurrer, L.: Die Urkunden, U 387, 506, 553, 628, 685.

[256] Arnold, G.: Die Ehelichkeitsurkunde (1514) von Sebastian Sprenz, Brixener Dompropst und Bürgersohn der Reichsstadt Dinkelsbühl; in: AD, 2018.

[257] Ordnung der vier Vierteil 1473, StAD.

[258] N.N.: Dinkelsbühler Artillerie im Jahre 1461(nach Metzger); in: AD, 1916.

[259] Vgl. Arnold, G.: Chronik Dinkelsbühl Bd. 5, Mauern und Türme, 2014.

[260] Versammlung der gepawren auff dem lande, den harnisch geboten ist. StAD. – Reulein, W.: Der gepawren und der hawptlewt ayde; in: AD, 1949.

[261] Vischer, W.: Geschichte des schwäbischen Städtebundes der Jahre 1376-1389, 1862.

[262] Schnurrer, L.: Dinkelsbühl; in: Bayerisches Städtebuch Teil 1, 11, 1971.

[263] Böhmer, J. F.-Redlich, O.: Die Regesten des Kaiserreichs unter Rudolf ... 1273-1313, 1898, Nr. 1348, 1357, 1396 a.

[264] Schaudig, W.: Geschichte der Stadt und des ehemaligen Stifts Feuchtwangen, 1927, 23. – Dagegen wird in der „Vetterschen Beschreibung des Oberamts Feuchtwangen", 1732, nur von einem völligen Stadtbrand berichtet.

[265] Vischer, W.: Geschichte des schwäbischen Städtebunds 1376-1389, 1862.

[266] Ingersleben, K., v.: Feuchtwangen und sein Landkreis, 1971, 61 f. – Böhmer, J. F.: Regesten Kaiser Ludwigs des Baiern und seiner Zeit, 1839, Nr. 210, Ergänzungsheft, 1841, Nr. 1316.

[267] Lünig, J. Chr.: Teutsches Reichsarchiv, Bd.13, 1714.

[268] Böhmer, J. F.-Huber, A: Die Regesten des Kaiserreichs unter Kaiser Karl IV., 1877, Nr. 1583 a, 1617.

[269] Diehl, A.: Urkundenbuch der Stadt Esslingen, Bd. 1, 1899, U 1064.

[270] Pietsch, F.: Die Urkunden des Archivs der Reichsstadt Schwäbisch Hall, 1156-1399, 1967, U 324.

[271] Nitsch, A.: Urkunden und Akten Schwäbisch Gmünd, 777. – Diehl, A.: Urkundenbuch der Stadt Esslingen, 2. Band, 1905, U 1411. – Vischer, W.: Geschichte des schwäbischen Städtebundes der Jahre 1376-1389, 1862, Reg. 79. – Pietsch, F.: Die Urkunden des Archivs der Reichsstadt Schwäbisch Hall, 1156-1399, 1967, U 594.

[272] Württembergische Regesten, 1301-1500, 1916, Nr. 5096.

[273] Regesta Boica, IX, 376. – Vischer, W.: Geschichte des schwäbischen Städtebundes der Jahre 1376-1389, 1862, Reg. 93.

[274] Böhmer, J. F.-Huber, A.: Die Regesten des Kaiserreichs unter Kaiser Karl IV., 1877, Reichssachen, Nr. 630.

[275] Nitsch, A.: Urkunden und Akten Schwäbisch Gmünd, 777-1449, 1966, Urkunden, Nr. 443 – Pietsch, F.: Die Urkunden des Archivs der Reichsstadt Schwäbisch Hall, 1156-1399, 1967, U 629 – Böhmer, J. F.-Huber, A.: Die Regesten des Kaiserreichs unter Kaiser Karl IV., 1877, Nr. 5778. – Ruser, K.: Die Urkunden und Akten der oberdeutschen Städtebünde, 1347-1380, Bd. 2, Teil 2, 1988, Bündnisse der Reichsstädte in Schwaben, Reg. 645.

[276] Nitsch, A.: Urkunden und Akten Schwäbisch Gmünd, 777-1449, 1966, Urkunden, Nr. 444. – Württembergische Regesten, 1301-1500, 1916, Nr. 5290, 5291. – Pietsch, F.: Die Urkunden des Archivs der Reichsstadt Schwäbisch Hall, 1156-1399, 1967, U 635. – Ruser, K.: Die Urkunden und Akten der oberdeutschen Städtebünde, 1347-1380, Bd. 2, Teil 2, 1988, Bündnisse der Reichsstädte in Schwaben, Reg. 658.

[277] Diehl, A.: Urkundenbuch der Stadt Esslingen, 2. Band, 1905, U 1455. – Württembergische Regesten, 1301-1500, 1916, Nr. 5293.

[278] Ruser, K.: Die Urkunden und Akten der oberdeutschen Städtebünde, 1347-1380, Bd. 2, Teil 2, 1988, Bündnisse der Reichsstädte in Schwaben, Reg. 671. – Pietsch, F.: Die Urkunden des Archivs der Reichsstadt Schwäbisch Hall, 1156-1399, 1967, U 636.

[279] Vischer, W.: Geschichte des schwäbischen Städtebundes der Jahre 1376-1389, 1862, Reg. 116.

[280] Ruser, K.: Die Urkunden und Akten der oberdeutschen Städtebünde, 1347-1380, Bd. 2, Teil 2, 1988, Bündnisse der Reichsstädte in Schwaben, Reg. 684 ff. – Vischer, W.: Geschichte des schwäbischen Städtebundes der Jahre 1376-1389, 1862; Augsburger Chronik, 1837, 115.

[281] Ruser, K.: Die Urkunden und Akten der oberdeutschen Städtebünde, 1347-1380, Bd. 2, Teil 2, 1988, Bündnisse der Reichsstädte in Schwaben, Reg. 693 f.

[282] Ruser, K.: Die Urkunden und Akten der oberdeutschen Städtebünde, 1347-1380, Bd. 2, Teil 2, 1988, Bündnisse der Reichsstädte in Schwaben, Reg. 724. – Reulein, W.: Das Heiliggeistspital zu Dinkelsbühl, 1974, 28. – Vischer, W.: Geschichte des schwäbischen Städtebundes der Jahre 1376-1389, 1862, Reg. 147.

[283] Vischer, W.: Geschichte des schwäbischen Städtebundes der Jahre 1376-1389, 1862.

[284] Vischer, W.: Geschichte des schwäbischen Städtebundes der Jahre 1376-1389, 1862, Reg. 159. – Pietsch, F.: Die Urkunden des Archivs der Reichsstadt Schwäbisch Hall, 1156-1399, 1967, U 709. – Vock, W. - Wulz, G.: Die Urkunden der Stadt Nördlingen, 1436-1449, 1968, Nachträge, Nr. 2489.

[285] Vischer, W.: Geschichte des schwäbischen Städtebundes der Jahre 1376-1389, 1862, Reg. 183 u. 184.

[286] Vischer, W.: Geschichte des schwäbischen Städtebundes der Jahre 1376-1389, 1862, Reg. 185.

[287] Vischer, W.: Geschichte des schwäbischen Städtebundes der Jahre 1376-1389, 1862, Reg. 193.

[288] Schnurrer, L.: Die Urkunden. – Schnurrer, L.: Die Urkunden der Reichsstadt Rothenburg, 1182-1400, 1999, U 1900. – Schultheiß, W.: Urkundenbuch der Reichsstadt Windsheim, 741-1400, 1963, Nr. 397.

[289] Vischer, W.: Geschichte des schwäbischen Städtebundes der Jahre 1376-1389, 1862, Reg. 210. – Schultheiß, W.: Urkundenbuch der Reichsstadt Windsheim, 741-1400, 1963, Nr. 399.

[290] Schnurrer, L.: Die Urkunden der Reichsstadt Rothenburg, 1182-1400, 1999, U 1914.

[291] Vischer, W.: Geschichte des schwäbischen Städtebundes der Jahre 1376-1389, 1862, Reg. 217.

[292] Schultheiß, W.: Urkundenbuch der Reichsstadt Windsheim, 741-1400, 1963, Nr. 481.

[293] Vischer, W.: Geschichte des schwäbischen Städtebundes der Jahre 1376-1389, 1862

[294] Vischer, W.: Geschichte des schwäbischen Städtebundes der Jahre 1376-1389, 1862, Reg. 288.

[295] Vischer, W.: Geschichte des schwäbischen Städtebundes der Jahre 1376-1389, 1862.

[296] Vischer, W.: Geschichte des schwäbischen Städtebundes der Jahre 1376-1389, 1862. – Konstanzer Chronik; in: Quellensammlung der badischen Landesgeschichte I, 309.

[297] Reulein, W.: Geschichte von Dinkelsbühl, Manuskript, um 1936, StAD.

[298] Arnold, G.: Dinkelsbühl und Feuchtwangen - Freund- und Feindschaft zweier Nachbarstädte; in: AD, 2019.

[299] Schnurrer, L.: Feuchtwangen - Stift und Stadt; in: Jb. für fränkische Landesforschung, 1971.

[300] Loehrl, F.: Geschichte der Stadt Wassertrüdingen, 1926, 19 (nach Stieber).

[301] Schnurrer, L.: Feuchtwangen - Stift und Stadt; in: Jb. für fränkische Landesforschung, 1971.

[302] Schultheiß, W.: Urkundenbuch der Reichsstadt Windsheim, 741-1400, 1963, Nr. 504.

[303] Schnurrer, L.: Die Urkunden. – Vischer, W.: Geschichte des schwäbischen Städtebundes der Jahre 1376-1389, 1862, Reg. 351. – Boica X, 245. – Greiner, J.: Chronik von Dinkelsbühl; in: Hausfreund, 1933-1936.

[304] Nitsch, A.: Urkunden und Akten Schwäbisch Gmünd, 777-1449, 1966, Reichsakten, Nr. 18. – Vischer, W.: Geschichte des schwäbischen Städtebundes der Jahre 1376-1389, 1862, Reg. 359.

[305] Pietsch, F.: Die Urkunden des Archivs der Reichsstadt Schwäbisch Hall, 1156-1399, 1967, U 945.

[306] Nitsch, A.: Urkunden und Akten Schwäbisch Gmünd, 777-1449, 1966, Urkunden, Nr. 570. – Württembergische Regesten, 1301-1500, 1916, Nr. 5355. – Vischer, W.: Geschichte des schwäbischen Städtebundes der Jahre 1376-1389, 1862, Reg. 382.

[307] Vischer, W.: Geschichte des schwäbischen Städtebundes der Jahre 1376-1389, 1862, Reg. 360.

[308] Vischer, W.: Geschichte des schwäbischen Städtebundes der Jahre 1376-1389, 1862, Reg. 368

[309] Ulshöfer, K.: Die Interessengemeinschaft der Reichsstädte Rothenburg, Hall und Dinkelsbühl im ausgehenden 14. Jahrhundert; in: Reichsstädte in Franken, Aufsätze 2, 1987, 270 ff.

[310] Schnurrer, L.: Die Urkunden der Reichsstadt Rothenburg, 1182-1400, 1999, U 2596. – Pietsch, F.: Die Urkunden des Archivs der Reichsstadt Schwäbisch Hall, 1156-1399, 1967, U 1011.

[311] Sandel, Th.: Zug der Reichsstädte Rothenburg, Hall, Dinkelsbühl und Nördlingen nach Ingolstadt und Giebelstadt; in: AD, 1921.

[312] Vischer, W.: Geschichte des schwäbischen Städtebundes der Jahre 1376-1389, 186.

[313] N.N.: Von der Niderlag beschehen zwischen Sulz und Bortenberg Anno 1450; in: JHVM 1855.

[314] Steuerlisten 1456, StAD.

[315] Morsheuser: Dinkelsbühl im schwäbischen Bund; in: AD 1920.

Buchveröffentlichungen von Gerfrid Arnold
(Auswahl)

Dinkelsbühl. Eine mittelalterliche Stadt
Fotos von Dietmar Vogel; Lageskizzen, Zeichnungen vom Autor; 263 S., (1988).

Christoph von Schmids erbauliche und vergnügliche Jugend in Dinkelsbühl
Bilder von Thomas Weisenberger; Kartenskizzen vom Autor; 171 S., 1990.

Wegen der Kinder Schulzech
Zeichnungen von Hans-Dieter Jakubowitz; Kartenskizzen und Repros vom Autor, Dinkelsbühler Quellenanhang; 346 S., 1994.

Chronik Dinkelsbühl
Zeichnungen von Dr. Herbert Schicketanz Bd.1-Bd.4; Bd. 5 bebildert vom Autor. Fotos, Kartenskizzen, Pläne vom Autor.
- **Bd. 1 Im Reich der Merowinger, Karolinger und Sachsen**; 222 S., 2000.
- **Bd. 2 Die Königsstadt. Salier - Staufer - Interregnum**; 212 S., 2001.
- **Bd. 3 Die Reichsstadt. Von König Rudolf I. bis Kaiser Karl IV.**; 244 S., 2002.
- **Bd. 4 Die Stadtrepublik. Kaiser Karl IV. und König Wenzel I.**; 240 S., 2003.
- **Bd. 5 Mauern und Türme. Die Stadtbefestigung vom Königshof ins 21. Jh.**; 340 S., 2014.

Hexen und Hexer in Dinkelsbühl
Bebildert vom Autor, Dinkelsbühler Quellentexte; 192 S., 2006.

Juden in Dinkelsbühl
Dinkelsbühler Quellenregesten; Repros von Archivalien, historische Fotos; 552 S., 2010.

Dinkelsbühl
Menschen, Bilder, Impressionen
Historische Fotos aus dem Stadtarchiv Dinkelsbühl; 96 S., 2011

Evangelische Kirchen in Dinkelsbühl
Die Heiliggeistkirche in Dinkelsbühl
Die St. Paulskirche in Dinkelsbühl
Fotos vom Bildarchiv Foto Marburg; Grundrisszeichnungen
des Autors; 40 S., 2011.

Dinkelsbühler Hauslexikon A-H
Architektur – Bewohner – Geschichte – Sagen
Mit historischen Bauzeichnungen und Fotos, aktuelle Fotos vom Autor; 224 S., 2016.

Dinkelsbühler Hauslexikon I-M
Architektur – Bewohner – Geschichte – Sagen
Mit historischen Bauzeichnungen und Fotos, aktuelle Fotos vom Autor; 232 S., 2017.

Dinkelsbühler Hauslexikon N-R
Architektur – Bewohner – Geschichte – Sagen
Mit historischen Bauzeichnungen und Fotos, aktuelle Fotos vom Autor; 240 S., 2018.

Dinkelsbühler Hauslexikon S-W
Architektur – Bewohner – Geschichte – Sagen
Mit historischen Bauzeichnungen und Fotos, aktuelle Fotos vom Autor; 300 S., 2019.

Memorial der Laura Prochaska
Meine Flucht aus Brünn 1945
Deutsch-tschechische Familiengeschichte mit authentischem Bericht
des Todesmarschs; 96 S., 2017.

Jan & Julia in Dinkelsbühl
Gruseltour – Stadttour – Christoph-von-Schmid-Tour
Illustrationen und Kartenskizzen vom Autor; 244 S., 2018.

Sagenhafte Orte. Hesselberg und Wassertrüdingen
Mit Bildern von Anette Reitsch; 156 S., 2019.

Die Judenschaft. Dinkelsbühl Geschichte light, 164 S., 2020.

Die Stadtgeschichte. Dinkelsbühl Geschichte light, 160 S., 2020

Der Hexenwahn. Dinkelsbühl Geschichte light, 164 S., 2021.

Die Kinderzeche. Dinkelsbühl Geschichte light, 164 S., 2022.

Die Stauferstadt. Dinkelsbühl Geschichte light, 148 S., 2023.